마음이
따뜻해지는
학교
이야기

배움과 미래의 희망을 주는 세계의 학교들

마음이 따뜻해지는 학교 이야기

박영주 글 · 이한울 그림

썬더키즈
thunder kids

작가의 말

세상을 배울 수 있는 가장 안전하고 행복한 울타리

어릴 적에 가끔 꾀병을 부렸어요. 학교에 가기 싫어서 그랬답니다. 동생들만 학교에 가고 나면 한두 시간 정도는 혼자 있으니까 정말 좋았어요. 마음껏 게으름 피우며 지낼 수도 있고, 엄마 사랑도 독차지할 수 있었기 때문이에요.

그런데 점심때가 될 무렵 슬슬 답답해지고 걱정도 되는 거예요. 그래서 다음 날 가족 중에서 제일 일찍 일어나서 서둘러 학교 갈 준비를 하곤 했어요. 물론 학교는 언제나 교문을 활짝 열고 나를 환영해 주었지요. 학교한테 조금 미안한 마음이 들어서 더 열심히 공부하고 친구들과 재미있게 놀았어요.

가끔은 가기 싫을 때도 있었지만 학교가 있어서 정말 다행이었어요. 나는 어른이 되어서도 여전히 학교에 다녔어요. 왜냐하면 선생님이 되었거든요. 학교에 다니는 일은 나에게 아주 당연하고도 자연스러운 생활이 되었답니다.

  그런데 2020년, 갑자기 모든 학생과 선생님들이 마음대로 학교에 갈 수 없는 큰 사건이 일어났어요. 바로 코로나19 팬데믹 말이에요. 학교를 못 가는 게 너무 속상해서 다른 나라의 학교들은 어떤 모습인지 찾아보았어요. 그랬더니 코로나19 같은 전염병뿐만 아니라 다양한 이유로 학교에 갈 수 없는 아이들이 생각보다 많았어요. 더 놀라웠던 건 학교에 갈 수 없었던 각국의 아이들이 결국에는 모두 학교에 갈 수 있는 방법을 찾아냈다는 점이에요.

  여러 가지 어려운 상황 속에서도 아이들은 결국 학교에서 안전하고 행복하게 세상을 배울 수 있습니다. 그동안 많은 사람들이 흔히 생각하는 것처럼, 학교가 꼭 어떤 장소에 세워진 건물일 필요는 없어요. 어디서든, 어떤 방법으로든 아이들에게 이 세상을 배울 수 있도록 안전하고 행복한 울타리가 되어 준다면, 바로 그게 '학교'이지요.

  세계 여러 나라의 학교 이야기들을 함께 찾고 엮어 나갈 수 있도록 도와준 선생님들이 있어요. 그분들과 함께 하는 작은 공부 모임도 나에게는 아주 소중한 학교예요.

  우리 친구들도 여러분의 학교에서 마음이 따뜻해지는 이야기들을 많이 만들어 가길 바랍니다.

박영주

차례

작가의 말 ···4

❶ 세상에서 제일 큰 교실
호주 방송통신학교(School of the Air)

- 학교에 매일 갈 수 없게 된다면? ···13
- 세상에서 제일 큰 교실 ···17
- 외딴 목장에서 세상을 공부하는 법 ···22

| 학교 특파원의 생생 인터뷰 | 호주 방송통신학교를 만나요 ···26

❷ 학교가 너희를 찾아갈게
방글라데시 보트스쿨(Boat School)

- 비만 오면 갈 수 없는 학교 ···33
- 아이들이 학교에 갈 수 없다면 ···36
- 아이들을 찾아온 보트스쿨 ···40
- 보트스쿨에서 희망을 공부하다 ···43

| 학교 특파원의 생생 인터뷰 | 방글라데시 보트스쿨을 만나요 ···46

❸ 쉿, 지금은 웃음을 참아야 해
아프가니스탄 소녀들의 비밀학교(Secret School)

- 여자아이들은 학교에 갈 수 없다 ···53
- 언제 학교에 갈 수 있을까? ···57
- 아빠와 함께 비밀학교에 가다 ···61

| 학교 특파원의 생생 인터뷰 | 아프가니스탄 비밀학교를 만나요 ···66

❹ 시리아 어린이들을 환영합니다
독일 골조우 마을 학교(Golzow's elementary School)

- 난민들은 학교에 갈 수 없다 ···73
- 우리 학교에 어서 오세요! ···76
- 드디어 학교에 갈 수 있다 ···81

| 학교 특파원의 생생 인터뷰 | 독일 골조우 마을 학교를 만나요 ···86

❺ 나는 존중받아야 해요
콜롬비아 몸의 학교(el Colegio del Cuerpo)

- 거리를 배회하는 아이들 ···93
- 몸의 학교 ···98
- 나는 존중받아야 해요 ···103

| 학교 특파원의 생생 인터뷰 | 콜롬비아 몸의 학교를 만나요 ···106

❻ 강요하지 말고 기다려 주세요
영국 서머힐학교(Summerhill)

- 게으른 게 아니에요, 머리가 나쁘지도 않아요 ···113
- 강요하지 않는 학교 ···118

| 학교 특파원의 생생 인터뷰 | 영국 서머힐학교를 만나요 ···122

❼ 평화 마을의 숲속 학교

인도 파타바반(Patha Bhavan)

- 몸이 아파도 공부할 수 있을까? ···129
- 평화의 땅에 세워진 학교 ···133
- 건강하고 행복하게 배우는 학교 ···140

| 학교 특파원의 생생 인터뷰 | 인도 파타바반을 만나요 ···144

Australia

오스트레일리아

① 세상에서 제일 큰 교실

호주 방송통신학교(School of the Air)

● **아웃백**은 패밀리 레스토랑으로 잘 알려져 있지만, 원래는 호주 내륙의 건조하고 인구가 거의 없는 오지를 일컫는 말이에요.

거대한 사막과 넓은 평원으로 이루어진 이 지역에는 '에버리진'이라고 불리는 호주 원주민들과 목축업 또는 국립공원 관리 등을 하는 사람들이 흩어져서 살고 있어요.

이들에게는 두 가지 큰 어려움이 있어요. 첫 번째는 응급 환자가 생겼을 때 곧장 갈 수 있는 가까운 병원이 없다는 것이고, 두 번째는 어린이들이 갈 수 있는 학교가 너무 멀다는 것이에요. 매일 학교에 갈 수 없는 호주 아웃백 지역 어린이들은 어떻게 공부를 할까요?

학교에 매일 갈 수 없게 된다면?

● 겨울 방학이 시작되었다. 그러나 토미는 마음이 즐겁지 않았다. 3년 동안 다니던 초등학교에서 다른 학교로 전학을 가야 하기 때문이다. 더군다나 새로운 학교는 건물도 친구도 없다고 들었다. 앞으로는 아빠의 고향, 앨리스 스프링스에 있는 목장의 작은 집 거실에서 공부할 것이라는 말을 들었다. 그래서 이사 가는 날 아침까지도 토미는 몹시 마음이 언짢았다.

"엄마, 정말로 이사 가야 해요? 그곳에는 친구들도 없는 거 맞지요?"

토미가 자동차 뒤 칸에 털썩 앉으며 뿌루퉁하게 물었다. 그런데 눈치 없는 쌍둥이 여동생, 제인이 뒤이어 차에 올라타며 쫑알거렸다.

"나는 얼른 이사 가고 싶어. 목장에서 매일 말을 탈 거야. 양 떼 모는 법도 배우고 싶어!"

토미는 제인에게 눈을 흘겼지만, 말다툼을 하고 싶지 않아 고개를 돌려 시무룩하게 창밖만 바라보았다. 그러자 앞 칸에 앉아 있던 엄마가 고개를 돌리면서 말했다.

"토미, 너무 속상해하지 마. 목장에서도 즐거운 일이 많을 거야. 아빠 엄마가 많이 생각해서 내린 결정이란다."

토미는 엄마의 위로에 일단 고개를 끄덕일 수밖에 없었다. 하지만 여전히 큰 걱정이 되었다. 아빠 말로는 목장에서 학교가 있는 앨리스 스프링스 시내까지는 차로 여섯 시간 이상 떨어져 있다고 했다. 그 말은 결국 도시에서 지낼 때처럼 매일 등교할 수는 없다는 뜻이었다.

'그럼 공부는 어떻게 하지? 이제 친구들도 사귈 수 없게 되는 거 아닐까?'

토미는 여전히 믿을 수가 없어서, 운전대를 잡고 있는 아빠에게 물었다.

"아빠, 목장에서는 정말 매일 학교에 갈 수 없게 되나요? 공부는 어떻게 하는지 궁금해요."

"그게 뭐가 그렇게 궁금해? 학교 안 다니고 목장 동물들과 놀기만 하면 더 좋지. 그렇죠, 아빠?"

또다시 제인이 끼어들었다. 평소 딱딱한 학교생활을 힘들어하던 제인은 목장에서 매일 놀기만 하는 줄 알고 즐거워했다.

"그렇지 않단다, 제인. 너희는 비록 매일 학교에 다니지는 않더라도 공부를 계속하게 될 거야. 아빠와 수잔 고모가 어린 시절에 공부했던 것처럼 말이다."

아빠가 부드럽게 웃음 지으며 말했다.

토미가 궁금해서 물었다.

"아빠는 어떻게 공부하셨는데요?"

"아빠도 어린 시절, 할아버지의 목장에 살았기 때문에 학교에 갈 수 없었단다. 그래서 두 살 어린 수잔 고모와 같이 원격 수업을 받았지. 그때는 지금처럼 컴퓨터가 없어서 라디오 무선통신기를 써서 공부했어."

"그럼 교과서는 없었어요? 라디오로 선생님 말씀만 들으면 되었나요?"

"학교에서 공부할 자료들을 우편으로 보내 줬단다. 그래서 수잔은 학교가 우체통으로 배달되는 것 같다며 좋아했지. 종종 자료들이 늦게 배달되는 일도 있긴 했지만 말이다."

"맞아, 아빠와 수잔 고모는 목장에서 할아버지를 도우며 중학교까지 원격으로 공부를 한 후에 도시로 나가 대학까지 다녔어. 그렇게 해서 수잔 고모는 초등학교 선생님이 됐고, 아빠는 은행원이 되었단다."

문득 듣고만 있던 엄마가 아는 체했다.

"아빠, 그럼 우리가 아빠와 같은 학교를 다니게 된 셈이네요."

토미가 갑자기 생각난 듯 묻자, 엄마 아빠가 같이 웃으며 대답했다.

"그렇네! 나한테 어린 동창생이 두 명이나 생겼구나."

그렇게 말하고 아빠는 크게 웃었다.

자동차는 어느새 푸른 들판을 가로질러 갔다. 토미는 엄마 아빠의 말에도 불구하고 여전히 걱정이 앞섰다.

'정말 학교를 가지 않고도 공부를 할 수 있을까? 친구들도 없이 무슨 재미로 공부하지?'

세상에서 제일 큰 교실

● 아침 일찍 엄마와 아빠는 농장 일을 하러 나가셨다. 혼자 식사를 마친 토미는 익숙한 솜씨로 접시를 헹구어서 식기 세척기에 넣은 뒤에, 거실 한쪽에 놓인 테이블에 앉았다. 컴퓨터를 켜고 오디오 스피커를 조정하며 선생님과 다른 친구들이 연결되기를 기다렸다.

이렇게 아침마다 거실은 토미와 제인의 교실이 되었다. 4학년인 토미와 제인이 참여하는 온라인 교실에는 모두 일곱 명의 친구들이 함께했다. 토미 집에서 가장 가까운 곳에 사는 에릭은 두 시간 거리의 소 목장에, 제이미는 세 시간 이상 운전을 해야 갈 수 있는 국립공원 관리인 사택에 살고 있었다. 모두 광대한 앨리스 스프링스 목장 지역에 여기저기 흩어져 살고 있었다. 이를테면 토미와 친구들은 세상에서 가장 큰 교실에서 같이 공부를 하는 셈이었다.

잠시 뒤, 스피커에서 선생님이 말씀하시는 소리가 들렸다.

"굿모닝! 토미와 제인, 수업 준비됐나요?"

"안녕하세요, 해리슨 선생님! 저는 준비되었습니다. 그런데 제인은 얼마 전에 태어난 망아지를 보러 나갔어요. 엄마가 데리러 갔으니 곧 올 거예요."

"망아지는 잘 자라고 있나요?"

"네, 선생님! 벌써 뛰어다녀요."

"얼마나 귀여울까? 나도 보고 싶군요. 그래도 제인에게 수업 시간은 잘 지켜야 한다고 이야기해야겠는걸! 그럼 토미는 수업 준비하며 잠깐 기다리세요. 다른 친구들도 출석했는지 확인하고 수업을 시작할게요."

"네, 알겠습니다."

선생님과 다른 친구들이 온라인으로 연결되는지 확인하는 소리를 컴퓨터 스피커 너머로 들으며 토미는 교과서와 공책을 펼쳐 놓았다. 직접 만날 수는 없지만, 이제 목소리만 들어도 친숙한 친구들이 각자의 교실에 앉아 수업 준비하는 모습을 상상해 보았다. 처음에는 온라인으로 수업하는 것이 답답하고 어려웠지만 점차 익숙해졌다. 토미는 제인이 돌아오면 바로 공부를 시작할 수 있도록 테이블 맞은편을 정리하면서 현관 쪽만 자꾸 바라보았다.

'수업이 시작되기 전에 어서 제인이 돌아와야 할 텐데…….'

그때 현관문이 열리면서 엄마와 제인이 들어오는 소리가 들렸다. 제인의 얼굴이 빨갛게 상기되었고 머리카락이 엉클어진 것을 보니, 아마도 망아지 코니에게 안장을 얹고 말을 탄 모양이다. 아직 말 안장을 얹기엔 이르다고 아빠가 그렇게 주의를 주었는데 말이다.

'아휴, 못 말려!'

그래도 토미는 제인에게 얼른 앉으라고 손짓했다.

"제인, 일단 수업부터 마치고 엄마와 이야기를 하자!"

엄마는 제인이 공부를 할 수 있도록 컴퓨터 앞으로 등을 가볍게 밀어 보냈다. 제인은 엉클어진 머리카락을 미처 정리하지도 못한 채, 의자에 앉으며 모니터로 보이는 선생님에게 몸을 굽혀 인사를 했다.

"선생님, 안녕하세요. 제인입니다. 늦어서 죄송합니다."

"제인, 반갑구나! 이제 수업 시작할 수 있겠니?"

"네, 선생님, 저는 준비됐습니다."

제인은 선생님께는 공손하게 인사를 하면서도 테이블 건너편에 앉은 토미한테 새침한 표정을 지었다. 마음을 졸이며 제인을 기다렸던 토미는 어이가 없고 화가 나려 했지만 일단 수업부터 받기로 했다.

오늘은 지난 일주일 동안 공부한 분수를 복습하고 실생활에서 분수가 활용되는 사례들도 찾아보았다. 다음은 학생들이 직접 문제를 풀면서 연

습하는 시간이었다. 토미와 제인은 선생님이 공유해 주신 파일에 접속해서 문제를 풀었다. 토미는 별다른 어려움 없이 문제를 풀었지만, 제인이 자꾸 오답을 입력했다. 선생님은 마치 옆에 계신 것처럼 친절하게 설명해 주었다. 어느덧 수업이 끝날 무렵 선생님이 당부하셨다.

"여러분 모두 이번 주 수업을 잘 마무리했어요. 다음 주에 여러분들이 공부할 내용을 이메일로 보내겠어요. 부모님께 출력해 달라고 부탁해서 사전 과제는 주말 동안 꼭 해결하세요. 이제 곧 여름방학이 시작돼요. 우리 모두 캠프에서 만나게 될 텐데 경연 대회 작품들은 잘 만들고 있나요?"

"네, 선생님!"

"그럼, 모두 안녕!"

수업을 마치자마자 토미가 제인에게 잔소리를 늘어놓았다.

"너 때문에 선생님이 나까지도 수업에 성실하지 못하다고 생각하면 어떻게 하니?"

그러나 제인은 "메롱!" 하고 혀를 쭉 내밀며 밖으로 나가 버렸다. 약이 오른 토미가 제인을 쫓아 나가려다 더 중요한 일이 생각나서 참기로 했다. 캠프에 출품할 나무 책꽂이를 사포로 잘 다듬는 것이 제인과 다투는 것보다 더 나을 것 같았기 때문이다.

외딴 목장에서
세상을 공부하는 법

●   2주 뒤 드디어 여름방학이 시작되었다. 해마다 여름방학이면, 방송통신학교 학생들이 학교에 모여 일주일 동안 캠프를 해 왔다. 올해 캠프에 처음 참석하게 된 토미와 제인은 목장에서 여섯 시간이 걸리는 시내의 학교로 갔다. 그곳에는 가까운 지역에서 원격으로 수업을 하는 학생 120여 명이 모두 모여 있었다.

"안녕 에릭. 제이미도 왔구나!"

토미가 전에 한두 번 만난 적이 있는 에릭과 제이미에게 인사를 건넸다.

"네가 토미구나. 나는 매튜라고 해, 만나서 반가워!"

의젓한 목소리의 친구가 말을 걸어 왔다. 매일 화면으로만 만나던 친구들을 실제로 보니 토미는 신기하고 반가웠다. 처음 만난 친구들이지만 마치 오랫동안 지내 온 것처럼 친근한 마음이 들었다. 활발한 제인은 어느새 운동장에서 여러 친구들과 어울려 깔깔대고 있었다. 선생님들도 아이들을 반갑게 맞아 주었다. 담임 선생님인 미스 해리슨은 직접 봤을 때도 친절하고 재미있었다.

토미와 친구들은 캠프 기간 동안 오전에는 그동안 집에서 원격으로 하기 힘들었던 과학 실험 수업을 했다. 오후에는 운동회를 열거나 연극 연습도 하고, 여러 가지 경연 대회를 열었다. 토미는 나무 책꽂이를 처음으로 출품했지만 이번에 상은 받지 못했다. 그래도 다양한 작품들을 감상하며 내년을 준비하는 데 필요한 아이디어들을 많이 얻을 수 있었다.

저녁에는 친구들과 함께 이야기를 나누고, 운동장에 나와 별자리들을 관찰하기도 했다. 시간이 너무 빠르게 흘러갔다.

일주일 뒤 집으로 돌아온 토미와 제인은 목장 생활이 점점 더 즐거워졌다.
"얘들아, 목장에 나가 아빠를 도우렴! 오늘부터 양들에게 털진드기 방지약을 먹인다는구나. 점심시간 전에는 다 같이 돌아와야 한다."
"네, 엄마!"
엄마의 부탁에 두 아이는 얼른 마구간으로 달려갔다. 토미는 망아지 실버에게 안장을 얹었다. 제인은 코니를 탔다. 이제는 두 아이 모두 제법 망

 아지와 하나가 된 것처럼 편안하게 달릴 수 있다. 끝없이 펼쳐진 풀밭을 구름이 떠가듯 말을 달려 아빠가 계신 목장으로 갔다.

 양에게 털진드기 방지약을 먹이려면 물에다 해충약을 탄 뒤에 튜브로 연결된 젖병을 양의 입에 하나하나 물려야 하기 때문에 손이 많이 간다. 아빠가 양에게 약을 먹이는 동안 토미는 젖병과 연결된 약통을 높이 들었다. 손을 오래 올리고 있느라 힘은 들었지만, 아빠를 도울 수 있어서 마음이 뿌듯했다. 제인도 옆에서 양들을 줄 세우느라 애를 먹고 있었다.

"고맙다, 이젠 너희가 제법 도움이 되는구나!"

아빠는 열심히 일하는 아이들을 기특해하며 말했다.

"아빠, 캠프 정말 재미있었어요. 친구들과 공부하고 운동도 많이 했어요."

토미는 아빠 옆에서 캠프 이야기가 한창이었다.

"하지만 이제 또다시 혼자서 공부하게 되었는데 괜찮겠니?"

이야기를 듣던 아빠가 짓궂은 표정으로 물었다.

"그럼요, 괜찮아요. 목장에서도 얼마든지 공부를 잘할 수 있다는 것을 알았어요. 친구들을 다시 만날 수도 있고요! 캠프에서 친해진 친구들과 가끔 전화하기로 했는걸요."

그 말을 들은 아빠가 씨익 웃었다.

"허허! 녀석, 그렇게 여기 오기 싫다고 하더니 잘 적응하고 있구나. 다행이다."

"네! 목장 생활이 생각보다 훨씬 즐거워요!"

토미는 방송통신학교의 친구들을 떠올리며 환하게 웃었다.

호주 방송통신학교를 만나요

호주에서는 어떻게 방송통신학교를 시작하게 되었나요?

세계에서 여섯 번째로 큰 나라인 호주에서는 대부분의 사람들이 기후가 온화한 평지인 바닷가 지역에 있는 큰 도시에 모여 살아요. 그러나 사막을 중심으로 뻗은 널따란 오지 아웃백에 흩어져 사는 사람들도 있어요. 아웃백에 사는 사람들은 식료품을 사기 위해서 경비행기로 쇼핑을 가야 하기도 하고, 가장 가까운 이웃이 세 시간쯤 걸리는 곳에 떨어져 살고 있다고 해요.

호주에서는 오래전부터 이렇게 오지에 사는 어린이들을 위해 원격 수업을 시작했어요. 1951년 호주 중심부 앨리스 스프링스 지역에 살고 있는 어린이들을 교육하기 위해 방송통신학교(School of the Air)가 처음 설립되면서, 멀게는 1,235킬로미터 떨어져 있는 학생들까지 무선 통신 장비들을 이용해서 수업을 받을 수 있게 되었어요.

방송통신학교에서는 어떻게 공부하나요?

호주 정부에서는 오지에 사는 학생들에게도 일반 공립학교에 다니는 학생들과 똑같은 교육의 기회를 주기 위해 노력하고 있어요. 도시 지역에 있는 학교 본교에서 선생님들이 인공위성과 연결된 송수신 장치를 통해 다양한 지역에 있는 어린이들과 원격 수업을 하고 있어요.

처음에는 라디오 수신 장치에 의존해서 선생님이 일방적으로 수업을 지도했지만, 점차 인공위성과 인터넷을 이용해 쌍방향으로 수업을 진행할 수 있게 되었어요.

요즘에는 학생들이 화상을 통해 선생님과 다른 친구들의 얼

● 초기 방송통신학교 학생이 수업을 듣는 모습. 라디오 수신 장치를 이용해서 선생님의 설명을 듣고 있다.

굴을 보며 공부하고 협력 활동도 가능하게 되었지요. 또 언제든 부모님의 도움을 받아 학교의 도서관이나 자료실에서 다양한 수업 자료들을 빌릴 수도 있어요. 학생들은 우편이나 이메일을 이용해서 수업 자료들을 전달받고, 또 평가도 받을 수 있게 되었지요.

학교 선생님들은 먼 거리에 흩어져 사는 학생들을 직접 방문하기도 해요. 여름이면 모두 학교에 모여, 캠프를 통해 협동하며 창의적인 활동을 한답니다. 매일 학교에 가지는 않아도 다양한 방식으로 공부를 할 수 있게 되었지요.

지금 호주의 방송통신학교는 어떻게 되었나요?

2020년 세계적으로 코로나19가 퍼져 나가면서, 거의 모든 나라의 학생들이 학교에 가지 못하고 큰 혼란이 일어났어요. 그런데 호주에서는 불과 일주일 만에 전국적으로 온라인 수업 시스템을 가동해서 정상적인 학습 활동을 할 수 있었어요. 그동안 오지의 학생들에게 정규 수업 과정을 온라인으로 제공해 온 경험이 축적되었기 때문에, 비상 상황에도 빠르게 적응할 수 있었던 거예요.

지금도 앨리스 스프링스를 비롯한 다양한 아웃백 지역에서 방송통신학교가 운영되고 있어요. 요즘은 빠른 온라인 설비를 통해, 거의 정규 학교

수업 시간처럼 교육 활동을 할 수 있다고 해요. 그리고 세계적으로 호주의 원격 수업 경험과 기술을 배우기 위해 방송통신학교에 대한 관심이 높아지고 있어요.

Bangladesh

방글라데시

❷ 학교가 너희를 찾아갈게

방글라데시 보트스쿨(Boat School)

● **방글라데시는** 인도 북동부에 있는 나라로, 갠지스 강과 브라마푸트라 강이 만나는 거대한 삼각주에 위치해 있어요.
국토의 대부분이 해수면 아래에 있어서 해마다 우기(6월에서 10월 사이)만 되면 나라의 3분의 2가 물에 빠질 위험에 처해요. 더군다나 지구가 점점 더워지는 온난화 현상으로 태풍의 한 종류인 사이클론까지 겹쳐서 오는 경우가 많아, 피해가 나날이 늘어나고 있어요.
이 기간에는 수천 개의 학교가 문을 닫을 수밖에 없지요. 강이 범람해서 길이 끊기는 바람에 수많은 어린이가 학교에서 공부를 할 수 없게 되는 거예요.

비만 오면
갈 수 없는 학교

● 오늘도 작은 베투안 마을에 어김없이 장대비가 쏟아졌다. 해마다 우기가 되면 비가 많이 내리긴 하지만, 올해는 유난히 바람까지 거세었다. 평소 부엌으로 사용하던 작은 앞마당까지 물이 들이닥쳐 진흙탕으로 변했다. 아침부터 엄마는 살림 도구들을 집 안으로 들여 놓느라 바빴고, 아빠는 마당에 물길을 내서 빗물이 집 안까지 스며들지 못하게 막느라 고생이었다. 처마 아래에는 유일한 재산인 자전거 릭샤가 비닐로 꼼꼼히 덮여 있다. 강물이 넘쳐서 시내로 가는 길이 막히는 바람에, 아빠가 릭샤에 손님을 태우러 나가지 못한 지 여러 날 되었다.

흙집을 어설프게 덮은 양철 지붕이 비바람으로 심하게 덜컹거렸다. 불안함을 이겨 보려는 듯, 나미르는 더 큰 소리로 학교에서 배우던 시를 암송했다.

"아마르 쇼나르 방글라, 아미 도마이 발로바시(나의 금빛 조국 벵골이여, 당신을 사랑해요)."

선생님께서 벵골어는 노래처럼 운율이 살아 있는 아름다운 언어라며 한 자 한 자 읊어 주셨던 기억이 났다. 하지만 앞 소절만 몇 번이고 반복할 뿐 더 이어 갈 수 없었다. 이 시를 공부할 무렵 시작된 폭우로, 학교에 갈 수가 없어서 끝까지 배우지 못했기 때문이다.

"나미르! 안에서 뭐 하니? 어서 나와 일을 거들어라."

아빠가 부르는 소리에 깜짝 놀란 나미르가 맨발로 뛰어나갔다. 얼른 빗자루를 들고 나서긴 했지만 막상 어떻게 해야 할지 몰라 엄마 얼굴만 바라보았다.

"올해는 비가 더 많이 오네요! 어느새 마을 논까지 다 잠겼어요."

엄마가 힘없는 목소리로 말을 건넸지만, 아빠는 입을 꽉 다물고 물길을 따라 삽으로 흙을 파내기만 했다.

"엄마! 언제 학교 다시 갈 수 있어?"

아빠 눈치를 살피던 나미르가 속삭이듯 물었다.

"이 녀석아! 너는 학교가 문제냐?"

그동안 아무 말도 없던 아빠가 버럭 화를 내자 놀란 나미르는 빗자루를

들고 얼른 뒷마당 쪽으로 걸음을 옮겼다. 엄마의 측은한 시선이 나미르를 뒤따랐다. 비에 흠뻑 젖은 커다란 눈에 그렁그렁 눈물까지 맺혔다.

나미르는 지난해 시내에 있는 학교에 입학했다. 하지만 석 달도 채 못 다녔다. 마을을 감싸 도는 자무르 강의 지류가 홍수로 넘쳐흘러서 마을 하나가 서너 개의 섬으로 고립되었기 때문이다. 올해도 우기가 시작되자 더는 학교에 갈 수 없을 것 같았다. 나미르는 그치지 않는 비가 너무 야속했다.

"릭샤 대신 배가 있었다면 학교에 갈 수 있을 텐데……."

아이들이 학교에 갈 수 없다면

● 　　그로부터 며칠 뒤, 비가 조금 잦아들었다. 그러자 이번에는 비 대신에 후텁지근한 공기가 온 마을을 감싸고 돌았다. 그나마 바람이 시원한 강 둔덕 나무 그늘에 마을 어른들이 모여 앉았다. 할 일 없는 아이들까지 삼삼오오 주변을 어슬렁거리고, 나미르는 아빠에게 기대서 졸고 있었다.

저 앞에서는 이웃 시두라이 마을에서 온 모하메드 선생님이 무엇인가 열심히 설명하고 있었다.

"비 때문에 아이들이 일 년의 절반 이상을 학교에 가지 못합니다. 무작정 비가 그치고 길이 열리기만 기다릴 수는 없지 않겠어요?"

"그렇다고 뭐 뾰족한 수가 있는 건 아니잖아요?"

하만 아저씨가 퉁명스럽게 대꾸했다. 그러자 모하메드 선생님이 진지한 표정으로 대답했다.

"학교가 아이들을 찾아가도록 하겠습니다."

몇몇 어른들이 어이없는지 피식 웃었다.

잠결에 학교가 아이들을 찾아온다는 소리를 듣고 나미르가 눈을 떴다. 얼른 자세를 고치고 앉아 모하메드 선생님을 바라보았다.

"제가 사는 시두라이 마을도 우기 때마다 늘 강이 범람해서 학교에 갈 수 없었어요. 다행히 저희 집에 '노까*' 배가 한 척 있어서, 아버지가 저를 학교에 데려다주셨답니다. 그래서 대학까지 나와 건축가가 될 수 있었어요. 저는 그때 학교에 갈 수 없었던 친구들에게 늘 미안했어요. 그 친구들은 아직도 가난하고 어려운 생활을 하고 있거든요. 그 친구들의 아이들까지 비만 오면 여전히 학교에 못 가고 있어요. 그 아이들을 위해 제가 무엇인가 해야 한다고 생각했어요. 그래서 보트스쿨을 만들게 되었답니다."

그동안 가만히 듣기만 하던 나미르 아빠가 관심을 보였다.

"도대체 배에서 어떻게 공부를 할 수 있단 말인가요? 그렇게 공부해도 상급 학교에 갈 수 있어요?"

"그럼요. 저희는 정부로부터 정식 학교 자격을 받았어요!"

---

* 노까(Nouka Baich) 방글라데시 전통 나무배. 노를 저어 움직인다.

모하메드 선생님과 같이 온 카이바 아저씨가 힘주어 말했다.

이번에는 수키의 엄마가 조심스럽게 물었다.

"여자아이들은요? 여자애들도 학교에 갈 수 있을까요?"

"당연하죠. 보트스쿨은 누구에게나 찾아간답니다."

모하메드 선생님이 친절하게 대답했다. 모두 말은 안 해도 고개를 연신 끄덕이며 열심히 듣고 있었다.

용기를 낸 수키 엄마가 다시 물었다.

"그런데 학비는 얼마나 되나요?"

"전액 무료입니다. 비정부기관 SSS(Shidhulai Swanirvar Sangstha, 자립하는 시두라이 마을)의 후원을 받으니까요. 교과서와 학용품도 나눠 줄 거예요. 부모님들은 아이들 등하교 때 안전 지도만 도와주시면 됩니다."

카이바 아저씨의 설명에 엄마들은 사뭇 마음이 놓였다.

아이들을 찾아온 보트스쿨

● 　　드디어 학교가 마을로 오는 날, 나미르와 친구들은 마을 비탈을 미끄러지듯 뛰어내려 강가로 갔다.

"저기 봐! 학교가 우리에게 오고 있어. 강 거북이같이 생겼다!"

이띠가 소리쳤다.

방글라데시 전통 배 노까였다. 나무배에 휜 지붕이 있는 나지막한 대나무 교실을 얹어 개조한 것이다. 천천히 아이들에게 다가오는 배는 정말 강에 빠진 사람들을 구해 준다는 전설 속 커다란 거북을 닮아 있었다. 학교가 아이들이 기다리는 곳으로 접근하는 동안 나미르 아빠와 이띠 엄마가 깡충깡충 뛰는 아이들의 흥분을 진정시키려 애썼다.

드디어 배에 오른 나미르는 배 안에서 모삼 매트를 보고 깜짝 놀랐다.

"너 어떻게 왔어?"

"학교가 날 먼저 태우고는 너희에게 온 거야."

강물이 넘쳐 마을이 분리된 후 만나지 못했던 모삼 매트와 나미르는 반가운 마음에 괜히 서로의 몸을 툭툭 부딪치며 장난쳤다. 베투안 마을에서 아이들을 다 태운 하삼 아저씨는 배를 몰아 다음 마을로 향했다. 보트스쿨은 침수가 되어 섬으로 변해 버린 마을들을 돌며 아이들을 배에 실었다.

마지막 마을에서는 수키와 다른 여자아이들 몇 명이 배에 올랐다.

어느새, 교실에는 서른 명쯤 되는 아이들이 모였다. 세 명씩 앉을 수 있는 긴 책상이 양쪽으로 다섯 개씩 놓여 있었다. 누가 뭐라 하지 않아도 한쪽에는 남자아이들이, 다른 한쪽에는 여자아이들이 자리 잡고 앉아 두리번거리며 수업을 기다렸다. 한동안 조잘거리는 아이들을 미소 짓고 바라만 보던 선생님이 조용히 일어서더니 칠판이 있는 앞쪽으로 나갔다. 짙은 녹색 바탕에 강렬한 오렌지색 꽃들이 그려진 사리를 머리까지 감싼 선생님의 모습을 보고는 아이들이 순간 잠잠해졌다.

"여러분, 환영합니다. 이제 곧 우리 배가 정박하면 공부를 시작하겠어요!"

보트스쿨에서 희망을 공부하다

　　　　보트스쿨의 첫 수업은 벵골어 시간이었다.

"벵골 국가를 아는 친구가 있나요?" 선생님이 아이들을 둘러보며 말했다.

나미르가 손을 번쩍 들었다.

"나의 금빛 조국 벵골이여, 당신을 사랑해요."

평소 외울 수 있었던 그 부분까지는 자신 있게 암송했지만, 이내 머쓱하며 입을 다무는 나미르에게 계속하라는 듯 선생님의 둥근 눈이 더 커졌다.

"근데, 저 여기까지만 알아요. 다음은 선생님이 가르쳐 주세요!"

당돌한 나미르의 말에 아이들이 까르르 웃었다. 교실 대나무 벽 사이로 시원한 강바람이 넘나들었다.

다음은 영어 시간, 아이들은 선생님이 칠판에 쓰시는 알파벳을 신기한 듯 바라보았다.

"영어는 우리 벵골어와 글자 생김새나 발음이 많이 달라요. 그래도 여러분이 어른이 돼서 좋은 직업을 가지려면 꼭 배워야 합니다. 자! 따라해 보세요."

"에이, 비이, 씨."

합창하듯 알파벳을 따라 읽는데, 학교 주변에서 헤엄치던 오리 떼가 '꿱꿱' 수업에 동참했다. 나미르는 웃음이 나왔지만 억지로 참으며 선생님을 따라 읽었다.

"디, 이, 에프."

그렇게 열심히 공부하다 보니 어느덧 한 시가 다 되었다. 오랜만에 다시 시작한 공부였지만 나미르는 전혀 힘들지 않았다. 너무 흥분해서 아침을 거른 탓에 배가 꼬르륵거렸다. 옆에 앉은 모삼 매트가 나미르를 보고 씩 웃었다. 나미르는 배고픔은 얼마든지 참을 수 있었다. 처음 배운 알파벳을 엄마에게 가르쳐 줄 생각에 절로 어깨가 들썩였다.

이때 학교가 슬슬 움직이기 시작했다. 오전 내내 선생님의 말씀을 한 마디도 놓치지 않으려고 눈을 빛내며 집중하던 아이들이 순간 동요했다. 어느새 학교를 마칠 시간이었다.

"선생님! 내일도 오시나요?"

나미르가 혹시나 하는 마음에 용기 내어 물었다. 이어서 아이들이 저마다 한마디씩 보탰다.

"내일도 오실 거죠?"

"꼭 오세요."

선생님은 종알거리는 아이들 한 명 한 명 눈을 맞추며 말했다.

"물론이죠! 오늘 만난 곳에서 기다리세요. 내일은 너무 일찍 나오지 말아요. 학교가 꼭 여러분들을 찾아갈 테니까."

아이들을 집으로 데려다주기 위해 보트스쿨이 강물 위로 떠올랐다. 아이들의 희망도 함께 둥둥 떠올랐다.

○ 학교 특파원의  생생 인터뷰 ○

방글라데시 보트스쿨을 만나요

**보트스쿨은
어떻게 시작되었나요?**

방글라데시 북서부의 시두라이에서 자란 모하메드 레즈완은 어린 시절부터 마을 사람들이 홍수와 태풍으로 고통 받는 것을 가슴 아프게 생각했어요. 매년 우기가 되면 친척과 친구들이 학교에 갈 수 없었지만, 다행히 모하메드 집에는 배가 있어서 아버지의 도움으로 학교에 다닐 수 있었거든요.

    모하메드는 다른 사람들도 자신과 같은 기회가 있어야 한다고 생각하며 열심히 공부했어요. 그래서 수도인 다카에서 대학을 졸업하고 건축사가 되었어요. 고향에 돌아온 모하메드는 그동안 장학금과 아르바이트를 해서 모은 500불로 1998년 'Shidhulai Swanirvar Sangstha(SSS)'라는 비정부기관을 설립했어요.

그는 학교에서 배운 건축 기술을 살려서 직접 보트스쿨을 설계했어요. 그리고 물 때문에 학교에 갈 수 없는 아이들을 위해 배 위에 학교를 싣고 아이들을 찾아 나섰답니다.

보트스쿨에서는 무엇을 배우나요?

보트스쿨에서는 초등학교 공부를 해요. 5학년까지 마치면 방글라데시 중학교에 진학할 자격이 생겨요. 벵골어(국어), 영어, 수학 등 어느 학교에

서나 배울 수 있는 과목들 외에도 수질 오염이나 환경 보존, 물을 정화하는 법 같은 필수 생활 기술도 배우고 있어요.

특히 방글라데시는 늘 홍수의 위협을 받는 지역이라서 생존에 필수적인 수영이 중요한 수업 활동이에요. 그래서 해마다 수영 대회를 열고 있어요. 대회에서 우승한 학생들은 휴대용 랜턴을 상품으로 받아요. 방글라데시의 가정에는 아직도 전기가 잘 공급되지 않기 때문에, 등유나 화석 연료를 주로 사용하고 있거든요.

낮 동안 학교 지붕의 태양전지로 충전해서 불을 밝혀 주는 랜턴은 아이들의 공부뿐 아니라 각 가정의 저녁 생활에 큰 도움을 주고 있어요.

지금 보트스쿨은 어떻게 되었나요?

1998년에 처음 생긴 보트스쿨은 이제 스무 개가 넘는 나무배로 더 많은 아이들을 찾아가기 위해 노력하고 있어요. 요즘 보트스쿨에는 교실뿐 아니라, 도서관과 컴퓨터실도 있어요. 교실 지붕에 설치된 태양전지로 에너지를 모아서 보트를 움직이고, 인터넷이 연결된 컴퓨터를 사용할 수 있게 되었어요.

보트스쿨은 아이들을 가르칠 뿐 아니라 마을 사람들을 위해 중요한 일을 하고 있어요. 아픈 사람들을 돌보기 위해 의사를 데려오기도 하고, 어른들

을 위한 저녁 수업도 시작했어요. 매년 논이 물에 잠겨 농작물을 망치는 마을 사람들에게 비가 많이 와도 농사를 지을 수 있는 수경 농사법을 알려 줄 뿐 아니라, 생활에 필요한 다양한 기술들을 가르쳐 주고 있어요.

Afghanistan

아프가니스탄

③ 쉿, 지금은 웃음을 참아야 해

아프가니스탄 소녀들의 비밀학교(Secret School)

● **아프가니스탄은** 중앙아시아의 내륙에 있는 나라예요. 실크로드가 지나는 교통의 요충지라서 옛날부터 다양한 민족들 사이에 활발한 교역이 이루어졌어요. 아프가니스탄은 찬란한 문화를 이룩한 적도 있지만, 끊임없는 적들의 침략과 테러, 자연재해 등으로 어려움을 겪어야 했어요.

특히 1996년부터 2001년까지 아프가니스탄을 지배한 이슬람 근본주의 무장 세력 탈레반 때문에 많은 사람이 고통을 받았어요. 그들은 여자들을 집에서 나오지 못하게 하고, 조금이라도 자신들을 반대하는 사람들을 잔인하게 억압했어요.

탈레반은 물러났지만 끊임없이 내전을 일으킨 끝에 20년 만에 또 다시 권력을 잡고 말았어요. 하지만 아프가니스탄 사람들은 어려움 속에서도 희망을 잃지 않고 아름다운 문화를 지키기 위해 노력하고 있어요.

여자아이들은 학교에 갈 수 없다

● 오래된 도시 헤라트의 늦은 오후, 낮 동안의 찌는 듯한 열기가 조금 사그라들 무렵이었다. 시내에서 가까운 주택가 길모퉁이에 있는 집 대문이 별안간 열리며 아빠의 다급한 목소리가 들렸다.

"여보! 시니카는? 시니카 학교에서 돌아왔소?"

아빠 목소리를 듣고 시니카가 의아한 표정으로 뛰어나왔다.

"나 여기 있는데?"

긴장한 표정이 역력한 아빠는 시니카를 와락 껴안으며 한숨을 크게 내쉬었다.

"신이시여, 감사합니다!"

갑작스럽게 아빠에게 안긴 시니카는 갑갑하다며 몸을 살짝 빼려고 했다. 그러나 아빠는 더욱 아이를 부여안으며 한참 동안 말을 잇지 못했다.

"무슨 일이 있으세요? 왜 그러세요?"

뒤늦게 엄마가 히잡으로 머리를 감싸고 나오며 물었다.

"시장 입구에서 사고가 있었소. 학교에서 돌아오던 두 여학생에게 누군가 염산을 뿌렸지 뭐요. 시니카 걱정에 가게 정리도 미처 다 못 하고, 뛰어오는 길이라오."

"저런, 이번에도 탈레반이 그랬나요?" 엄마의 목소리가 가늘게 떨렸다.

"범인은 달아나 버렸지만, 그들이 아니면 누가 그런 짓을 하겠소. 이젠 어린아이들까지 손을 대다니……."

아프가니스탄 남부 칸다하르에서 결성되어 점차 세력을 넓혀 가던 정치 조직 탈레반이 얼마 전 서북부에 있는 헤라트까지 점령했다. 탈레반은 요즘 들어서 완벽한 이슬람 국가를 만들어야 한다면서 사람들이 사소한 잘못만 저질러도 윽박지르고 마구 때리는 바람에 점점 더 두려움의 대상이 되었다. 탈레반은 특별히 외국과 관련이 있는 사람들이나 여자들에게 가혹했다. 여학교를 마구 부수고 길에 혼자 다니는 여자들을 별다른 이유 없이 체포해 갔다. 그리고 얼마 전에는 아빠가 운영하는 양탄자 가게에 들어와 엄포를 놓고 갔다. 영국에서 공부했던 아빠의 경력이 수상하다는 이유에서였다.

"아무래도 이제 시니카는 학교에 안 보내는 것이 좋겠지요? 오늘 사건도 그렇고, 당신에 대한 감시까지 심해지고 있으니 말이에요."

"그러게 말이오. 공부하는 여자아이들에 대한 반감이 커지고 있어서 지금은 너무 위험하오."

학교를 보내지 않겠다는 말에 시니카는 깜짝 놀랐지만 아무 말도 할 수 없었다. 닥치는 대로 사람을 해치는 탈레반이 너무나 무서웠기 때문이었다. 결국 시니카는 4년 동안 다니던 마을 학교에 더 이상 갈 수 없었다. 학교는 고사하고 집 앞 골목조차 나가 놀 수 없었다.

예전 같으면 술래잡기며, 구슬치기, 연 날리기를 하며 노는 아이들이 골목마다 넘쳐 났는데 이제는 아무도 보이지 않았다. 탈레반 군인들이 거리를 순찰하러 나서면, 사람들은 서둘러 집으로 들어가 커튼을 내리고 작은 소리도 내지 못했다. 시니카도 가족 거실과 안뜰을 오가는 것이 전부인 단조로운 생활을 해야 했다. 그보다 더 속상한 것은 학교에 갈 수 없다는 사실이었다.

언제 학교에 갈 수 있을까?

● 며칠 뒤였다. 엄마가 마당 우물에 두레박을 내려 물을 긷는데, 평소보다 많은 동이에 물을 담는 것이었다.

"엄마, 물을 왜 이렇게 많이 길어?"

"윗동네 파미나 알지? 파미나와 할머니는 집에 남자들이 없다 보니, 물을 뜨러 마을 우물가로 못 나온다는구나. 아빠가 오시면 물이라도 좀 가져다주려고 해."

'여자들은 물도 마음대로 길으러 나갈 수 없다고? 왜 탈레반은 여자들에게 이렇게 엄격한 걸까?'

시니카는 새삼 화가 났다. 늘 재미있는 이야기를 조잘대던 파미나가 보고 싶어졌다. 그러나 날마다 집안에서 엄마 뒤를 졸졸 따라다니는 것밖에 할 수 있는 일이 없었다. 시니카는 종종 낮은 목소리로 학교에서 배운 시를 외우며 함께 공부하던 친구들을 그리워했다.

"우리나라 아프가니스탄.

이곳은 우리의 아름다운 땅.

이곳은 우리의 사랑하는 땅.

이 땅은 우리의 생명이라."

이렇게 아름다운 시를 더 공부하고 싶었다. 시니카는 학교에 가고 싶었다.

시니카가 집에만 머문 지 석 달쯤 되던 어느 날이었다. 이제 겨울이 오려는 듯 헤라트 산꼭대기를 넘어온 강한 바람 소리가 마당 안을 시끄럽게 돌아다녔다. 저녁 식사를 마친 아빠가 선반 위에서 양탄자 한 장을 내려 펼쳐 보였다.

"시니카, 이 양탄자는 돌아가신 할머니의 어머니, 그러니까 너의 증조할머니께서 만드신 것이란다."

조금 낡았지만 여전히 선명한 붉은 바탕의 양탄자였다. 그 위에 그려진 푸른 밤하늘에는 초승달이 떠 있고, 별빛도 총총했다. 그리고 접시꽃, 석류, 복숭아, 살구 등 온갖 꽃이 화려하게 핀 정원에서 왕자가 아름다운 공주를 만나고 있었다.

"와! 정말 예뻐요. 아빠!"

"시니카! 이 양탄자는 독특한 아프가니스탄의 이야기를 담고 있단다. 세상 어느 곳에도 없는 작품이지. 증조할머니께서는 집에 손님이 오실 때마다 이것을 거실에 깔고 그분들을 반갑게 맞이하셨다고 해. 너의 할머니도 아름다운 양탄자들을 만드셨단다. 그 양탄자들을 팔아 우리 집도 마련할 수 있었지."

잠시 말을 멈춘 아빠가 시니카와 엄마를 번갈아 바라보았다. 이윽고 말을 이어 나갔다.

"우리나라 여자들은 아무리 어려운 시절에도 가정을 돌보고 어린아이들을 보호하면서 아름다운 문화를 발전시켜 왔단다. 조용하지만 용감하게 가정과 나라를 지켜 온 거야. 이렇게 훌륭한 전통을 이어 온 우리나라가 탈레반 때문에 먼 옛날로 되돌아가는 것 같구나!"

시니카는 초록빛 눈을 반짝이며 아빠를 바라보고 있었다.

"그래서 시니카! 아빠는 네가 여자라고 집에만 있으면 안 된다는 것을 깨달았어. 너는 열심히 공부해서 자유롭게 꿈을 펼치며 살아라. 우리 아프간 사람들에게 희망을 주는 현명한 여성이 되어야 해. 내일은 너를 학교에 데려다주마!"

"정말이요? 정말 학교에 갈 수 있어요?"

시니카는 믿을 수가 없어, 자꾸만 아빠에게 되물었다.

"그럼! 그런데 이전에 네가 다니던 학교는 아니란다. 소녀들만을 위한 비밀학교에 가게 될 거야."

아빠가 의미심장한 표정으로 말했다. 그날 밤 시니카는 예전에 공부하던 책들을 다시 꺼내 만지작거리며 잠을 쉽사리 이루지 못했다.

아빠와 함께 비밀학교에 가다

● 다음 날 이른 새벽, 아빠는 시니카의 손을 잡고 인적이 드문 거리로 나섰다. 오랫동안 나오지 못했던 대문 밖 세상이지만, 긴장한 아빠 모습 때문에 시니카는 마음껏 좋아할 수가 없었다. 시니카는 아빠와 함께 잰걸음으로 발길을 재촉해 시내를 벗어났다. 얼마 후 두 사람은 인근 산동네의 수많은 골목길 중 하나로 접어들었다.

언덕 비탈을 따라 좁고 긴 골목에 층계처럼 지어진 흙벽 집들은 헤라트의 오래된 성채처럼 보였다. 얼마쯤 지났을까, 미로 같은 골목이 끝나갈 무렵 갑자기 푸른 대문 집이 눈앞에 나타났다. 온통 진흙 담장으로 높게 둘러싸인 이 동네에서 푸른색으로 페인트칠이 된 나무 대문은 마치 다른 세상으로 들어서는 입구처럼 신비스러웠다.

'여기가 학교라고? 그냥 집 같은데?'

의아한 시니카가 미처 물어보기도 전에 아빠가 조심스럽게 문을 두드렸다. 잠시 뒤 부르카를 쓴 여자가 살짝 대문을 열며 인사를 건넸다.

"살람!"

"살람, 알레이쿰! 잘 부탁드립니다. 저녁에 아이를 데리러 오겠습니다."

아빠는 급히 자리를 떠났다. 시니카는 무거운 자루 같은 부르카를 뒤집어 쓴 여자가 유령처럼 보여 겁이 났다. 잔뜩 긴장해서 뒤따라 들어가는데, 어디선가 작은 소리로 조잘대는 여자아이들의 소리가 들려 조금 안심이 되었다. 안뜰을 지나자 천으로 비밀스럽게 감춰진 문이 하나 있었다. 부르카를 덮어쓴 여자가 그 문을 열어 주었다. 시니카가 조심스럽게 방에 들어서는데 누군가 히잡을 내리며 환하게 웃었다.

"아! 파미나!"

시니카의 친구였다. 집 밖으로 나올 수 없어서 물도 없이 고생한다던 파미나가 시니카보다 먼저 학교에 와 있었다. 얼른 파미나 곁으로 가 앉았다. 반가움에 목이 메었다. 시니카가 문득 부르카 덮어쓴 여자를 돌아보니, 푸른 망사로 덮인 작은 구멍 사이로 친절하게 웃고 있는 눈이 보였다.

잠시 뒤 히잡을 가볍게 두른 중년 여자가 방으로 들어섰다. 아이들이 몸을 바르게 하고 인사를 했다.

"살람 알레이쿰(당신에게 평화를)."

"알레이쿰 앗살람(너희에게도 평화를)."

"나는 사키나 교장이란다. 세상에서 가장 아름다운 아프가니스탄의 푸른 빛, '라피즈 라즐리' 학교에 온 너희들을 환영한다. 너희는 지금 비록 작고 어린 소녀들이지만, 이 세상에서 가장 용감한 여자들의 후손이란다. 아프간 여자들은 우리나라가 어려운 시기마다 정복자들에게 대항하고, 가족과 이웃들을 지켜 왔지. 소녀들아! 너희가 지금은 비록 비밀스럽게 학교에 왔지만, 이 학교가 너희를 미래로 데려다주는 날개가 될 거야. 모두 열심히 공부해서 이 나라와 세상을 더 나은 곳으로 만들어야 한다."

 시니카와 파미나는 숨을 꼴깍 삼키며 교장 선생님의 한 마디 한 마디에 귀를 기울였다. 이어서 수업이 시작되었다. 공부하는 동안, 대문 밖에서 소란한 소리가 들릴 때마다 선생님은 긴장해서 설명을 멈추고, 소녀들의 맑은 목소리는 입안으로 삼켜 들어갔다. 그래도 시니카는 오랜만에 시간이 가는 줄도 모르고 공부에 집중했다. 숫자 세기 복습을 하느라 손가락 발가락까지 동원하며 킥킥 웃음을 터뜨리는 소녀들에게 선생님이 조용히 다가와 속삭였다.

"쉿! 지금은 웃음을 참으렴! 곧 마음껏 웃을 날이 올 거야!"

다시 수업이 시작되기 전에 집으로 돌아가는 아이들이 있었다. 한꺼번에 여자아이들이 몰리면 탈레반의 눈에 띌 것을 염려해서 저마다 다른 시간에 학교를 드나드는 것이다.

저녁이 되어 아빠와 함께 집으로 돌아가는 길, 저만치 떨어진 공터 담벼락에 쓰여 있는 '여자아이들은 학교에 다닐 수 없다'는 글자들이 춤을 추는 듯했다.

"아빠! 나는 학교에 계속 다닐 수 있죠?"

아빠 손을 힘주어 잡으며 시니카가 물었다.

"그럼, 너만 잘 견뎌 준다면, 아빠가 끝까지 도와줄게."

"나는 잘할 수 있어요, 아빠. 비밀학교에 보내 주셔서 감사해요!"

시니카는 할머니들이 양탄자에 그렸던 그림을 생각하며 아빠에게 말했다.

"열심히 공부해서 아프가니스탄의 아름다운 이야기들을 세상에 알리고 싶어요!"

아프가니스탄 비밀학교를 만나요

소녀들의 비밀학교는 왜 시작되었나요?

탈레반은 특히 여자들에게 가혹한 법률을 따르도록 강요했어요. 여학교는 문을 닫았고, 직업을 못 가질 뿐 아니라 남자와 동행하지 않고는 밖으로 나갈 수도 없게 했어요. 열 살이 넘는 여자들은 공공장소에서 눈만 내놓고 머리부터 발까지 온몸을 가리는 부르카를 덮어써야 했지요.

• 부르카를 덮어쓴 아프가니스탄 여성

그러나 '소녀를 교육하는 일은 아프가니스탄의 미래 세대를 교육하는 것'이라고 믿는 용감한 사람들이 여자아이들을 위한 비밀학교를 세웠어요. 소녀들이 일반 주택처럼 위장한 학교에 가는 것을 알고도 모른 척해 주는 이웃들도 많았어요.

탈레반의 감시에도 불구하고 소녀들의 비밀학교는 전 지역으로 퍼져 나갔어요.

소녀들의 비밀학교에서는 어떤 공부를 했나요?

비밀학교는 어린 소녀들이 어려운 현실을 이겨 나가며 세상에 대한 꿈을 키우도록 도왔어요. 정규 교육을 받지 못하던 여자아이들은 학교에서 실력 있는 인재로 자라나는 데 필요한 다양한 공부를 할 수 있었어요. 어린 소녀들은 문자 읽고 쓰기와 셈 하기와 같은 기초 수업을 하고, 좀 더 큰 소녀들은 직업 훈련을 받았지요. 무엇보다 아프가니스탄의 전통문화를 사랑하고 자부심을 느낄 수 있는 역사와 종교 공부도 했어요.

숨소리조차 크게 내지 못하며 비밀스럽게 공부했던 소녀들은 성장해서 가족들을 부양하고, 더 나아가서는 아프가니스탄 사회를 발전시키기 위해 노력하고 있어요.

• 2001년 미국의 침공으로 탈레반 정권이 무너진 뒤로, 수도 카불에서는 여자아이들이 학교에 다닐 수 있었다.

지금 아프가니스탄 소녀들은 어떻게 되었나요?

끔찍한 가난과 전쟁으로 삶의 현장이 대부분이 파괴된 아프가니스탄은 여전히 세계에서 가장 가난한 나라 중 하나예요. 2001년 탈레반 정권이 무너진 뒤 소녀들은 다시 학교에 다닐 수 있게 됐지만, 여전히 교육 현장에서 소외되었어요. 가난 때문에 아주 어린 나이에 결혼을 하도록 내몰리거나, 교육의 기회를 남자 형제들에게 양보해야 할 경우가 많거든요. 또 학교 수가 턱없이 부족하다 보니 학교 가는 길이 멀고 위험해서 성범죄와 각종 위험에 노출되었지요.

이런 문제를 해결하기 위해 전 세계의 비정부 단체들이 아프가니스탄 소녀들에게 교육 프로그램을 제공하는 한편, 학교, 도서관, 병원, 도로 등을 재건하고 기본 필수품을 공급해 주었습니다.

이러한 노력들이 무색하게도, 2021년 8월 탈레반은 아프가니스탄의 수도 카불을 장악하며 20년 만에 또 다시 권력을 잡고 말았어요. 하지만 아프가니스탄 소녀들이 희망의 끈을 놓지 않는다면, 학교는 어떠한 모습으로든 소녀들을 만나러 갈 거예요.

Germany

독일

④ 시리아 어린이들을 환영합니다

독일 골조우 마을 학교(Golzow's elementary School)

● **골조우는** 독일과 폴란드 국경 가까이에 있는 작은 도시예요. 예전에는 동독에 속하던 지역인데, 인구가 800명 정도밖에 안 돼요.

그나마도 여러 사람이 일자리를 찾아 큰 도시로 떠나는 바람에 골조우에 사는 아이들 수가 점점 줄어들었고, 하나밖에 없는 학교가 문을 닫을 위기를 겪었어요.

그러자 도시의 지도자들은 특별한 어린이들을 마을로 초대할 계획을 세우게 되었어요.

난민들은 학교에 갈 수 없다

● 　　시리아 남부의 농촌 마을 다라(Dera'a)에 살던 누르와 하미드의 가족은 3년 전 급히 고향을 떠나야 했다. 정부군들이 독재 정권에 대항하는 시민들을 무력으로 진압했기 때문이었다. 군인들은 심지어 학교에도 총격을 가했다. 아이들이 자라서 위험한 테러리스트가 될 수 있다는 말도 안 되는 이유에서였다. 평화롭던 온 마을이 폐허로 변하고 희생자들이 늘어만 갔다. 작은 슈퍼마켓을 운영하던 하미드 가족은 할 수 없이 모든 것을 포기하고 떠나야 했다.

　아빠는 그동안 모아 두었던 전 재산을 털어서 그리스로 가는 배를 구했다. 하미드 가족은 작은 배를 타고 19시간 동안 지중해를 건너 그리스에

도착할 수 있었다. 그러나 이것은 시작일 뿐이었다. 그 뒤로도 누르와 하미드 가족은 계속 북쪽으로 이동해야 했다. 가끔 차를 얻어 타거나 기차에 몸을 싣기도 했지만 대부분 걷고 또 걸어야 하는 긴 여행이었다.

"아빠, 우리는 지금 어디로 가고 있는 거예요?"

계속되는 여행에 지친 누르가 종종 물었지만, 아빠는 대답이 없었다. 사실 아빠도 어디로 가야 할지 몰랐던 것이다. 고향을 떠날 때 다섯 살이던 하미드는 이제 일곱 살이 되었다. 열한 살이 된 누르는 한 번도 불평하지 않고 명랑한 모습으로 동생 하미드를 챙기고, 엄마 아빠도 거들면서 언젠가 학교에 갈 수 있게 되는 날만을 꿈꾸었다.

드디어 독일 국경에 도착한 하미드 가족은 난민에게 제공해 주는 작은

컨테이너 집에서 살게 되었다. 단칸방이긴 해도 가족과 함께 안전하게 머물 수 있는 집이 생긴 것이다. 대부분의 독일 사람들은 친절했지만, 싫어하는 기색을 보이거나, 알아들을 수 없는 독일어로 화가 난 듯 큰 소리를 치는 사람도 있었다. 누르와 하미드는 하릴없이 집이나 캠프 안에서 시간을 보내야 했다.

학교에 가고 싶지만 독일어를 몰랐다. 그렇다고 아랍어로 가르치는 학교는 주변에 없었다. 그나마 가끔 자원봉사단들이 와서 독일어 기본 수업을 해 주어서 도움이 많이 되었다. 영특한 누르는 곧 독일어를 익히고 간단한 의사소통도 할 수 있게 되었다.

특히 자원봉사자 중에 의대생 앙겔라 언니와 친해진 누르는 언니가 수업하러 오는 날만을 손꼽아 기다렸다.

"나도 언니처럼 의대에 들어갈 수 있을까요?"

누르가 앙겔라 언니에게 눈을 반짝이며 물었다.

"너도 의사가 되고 싶구나!"

앙겔라 언니가 반가운 표정으로 말했다.

"네, 의사가 돼서 병원에 갈 수 없는 가난한 사람들을 돕고 싶어요! 그런데 지금 학교조차 못 가고 있어서 걱정이에요."

"누르, 너는 누구보다 똑똑한 아이야. 포기하지 않으면 꼭 의사가 될 수 있을 거야!"

우리 학교에 어서 오세요!

●   어느 토요일이었다. 난민 캠프의 사무실에서 연락이 왔다. 골조우라는 도시의 시장과 학교 교장이 시리아 부모님들을 만나러 왔다고 했다. 엄마 아빠가 회의에 참석하려 나가려는데 하미드가 엄마와 떨어지지 않으려고 보채서, 할 수 없이 누르도 같이 가서 동생을 봐주기로 했다.

  캠프에 사는 다른 시리아 가족들도 참석했다. 회의하는 동안 엄마 아빠는 아랍어 통역 도움을 받았지만, 누르는 어느 정도 대화 내용을 알아들을 수 있었다.

  키가 아주 큰 독일 남자가 먼저 말을 시작했다.

  "안녕하세요. 저는 쉬츠 시장입니다. 오늘 저는 여러분들을 골조우 마을에 초청하기 위해서 왔습니다."

시장이 명쾌하고 친절한 목소리로 인사를 했지만, 시리아 엄마 아빠들은 의아한 표정이었다. 지금까지 한 번도 자신들을 환영하는 사람들을 만나지 못했기 때문이었다.

"저희 마을은 이곳에서 그리 멀지 않은 곳에 있습니다. 아주 작지만 평화롭고 아름다운 마을입니다. 그런데 요즘 많은 사람들이 일자리를 찾아 큰 도시로 떠나갔습니다. 그래서 마을에 빈집이나 아파트가 많이 생기면서 점점 마을 사람들이 활기를 잃게 되었지요."

쉬츠 시장의 얼굴이 어두워졌다. 그러자 옆에 있던 상냥한 표정의 여자 교장이 말을 이었다.

"저는 토마스 교장이랍니다. 저희 두 사람은 마을이 예전처럼 활기를 되찾기 위해서는 아이들이 많아야 한다고 생각했어요. 그래서 여러분들을 저희 마을에 초청하자고 주민들에게 제안했답니다."

다시 쉬츠 시장이 이야기했다.

"마침 여러분들도 안전하게 생활할 수 있는 거처를 찾고 있고, 아이들에게도 학교가 필요하다는 것을 알게 되었거든요."

"모든 마을 사람들이 다 찬성했나요?"

아빠가 미심쩍어하며 물었다.

"솔직히 말씀드리자면 처음에는 걱정하는 사람들도 있었습니다. 우리

골조우에 외국인들이 온 적은 별로 없었거든요. 그러나 저희는 여러 차례 신중하게 의논을 했고, 마침내 여러분들과 함께 살 수 있다고 확신하게 되었답니다."

쉬츠 시장이 진지한 표정으로 대답했다.

"그렇게 작은 마을에 저희가 일할 곳이 있을까요? 원래 주민들도 일자리를 찾아 큰 도시로 떠났다면서요?"

라자크 아저씨가 걱정스럽게 묻자, 시장은 말했다.

"저희 마을 곳곳에 일할 사람들이 여전히 필요합니다. 또 앞으로 여러분과 함께 마을을 발전시켜 나가다 보면 계속해서 일자리가 늘 것입니다."

이번에는 알리 아저씨가 물었다.

"저희들은 독일어를 모릅니다. 아이들이야 학교에 가면 배우겠지만, 독일 말을 못하는 어른들이 어떻게 일자리를 구할 수 있을까요?"

통역의 설명을 주의 깊게 듣던 쉬츠 시장이 이해했다는 듯 고개를 끄덕이며 엄마 아빠들을 바라보았다.

"물론 어른들도 독일어를 어느 정도 해야 일자리를 구할 수 있습니다. 그래서 성인들을 위한 언어와 직업 교육을 계획했습니다. 자녀들이 학교에 가 있는 동안 여러분들도 마을 회관에서 수업을 받을 수 있습니다. 그 뒤로는 여러분 각자가 원하는 직업을 찾을 수 있도록 제가 적극적으로 도와드리겠습니다."

처음에는 의심의 눈초리로 보던 어른들이 점점 더 쉬츠 시장의 말에 귀를 기울이고 있었다.

그때 조용히 듣기만 하던 엄마가 조심스럽게 물었다.

"학교에서 독일 아이들이 우리 아이들을 놀리거나 위협하지 않을까요? 외국인이라고 싫어하면 어떻게 하죠?"

그러자 옆에 앉았던 타히나 엄마도 질문을 던졌다.

"우리 아이는 전혀 독일어를 못하는데 어떻게 독일 아이들과 같이 공부할 수 있나요?"

이번에는 토마스 교장이 설명했다.

"그런 걱정은 하지 않으셔도 됩니다. 아이들이 학교에 잘 다니도록 우리 마을 사람들이 다 같이 도울 것입니다."

뿐만 아니라 토마스 교장은 방과 후에, 독일어와 수학 보충 수업도 해 주겠다고 약속했다. 그러나 엄마 아빠는 선뜻 결정을 내리지 못하고 고민했다.

그때 누르가 엄마 옆으로 조용히 다가가서 속삭였다.

"엄마, 저 독일어를 좀 할 수 있어요. 제가 더 열심히 공부하고, 하미드도 잘 도와줄게요."

그 말에 용기를 얻은 엄마가 조심스레 말을 꺼냈다.

"아이들이 학교에 가고 싶어 하잖아요. 우리 아이들을 먼저 생각해서 결정하면 어떨까요?"

드디어 학교에 갈 수 있다

● 여름이 끝나갈 무렵, 하미드 가족과 다른 시리아 난민 세 가족은 골조우에 도착했다. 마을에서는 그동안 비어 있던 아파트를 깨끗하게 청소한 다음 시리아 가족들에게 제공해 주었다.

쉬츠 시장이 꽃과 장난감을 들고 집으로 찾아왔다. 걱정과 달리 마을 주민들도 친절하게 맞아 주면서, 그릇이나 침구 같은 살림 도구를 선물해 주었다. 특히 아파트 건너편 주택에서 혼자 사는 한스 할아버지는 멀리 사는 손주들 또래인 하미드를 유난히 반가워했다. 그리고 마을 개울가에서 낚시를 가르쳐 주겠다고 약속했다.

일주일 뒤 아이들이 마을 학교에 입학하는 날이 되었다. 다른 시리아 친

구들과 함께 학교로 향하던 하미드는 골목 곳곳에 걸린 알록달록한 포스터들을 보며 누나에게 속삭였다.

"누나, 무슨 뜻이야?"

"빌코멘 인 운제라 쉴레. 우리가 이 학교에 온 것을 환영한다는 뜻이야."

"구텐 모르겐!"

　누르가 활기차게 인사를 건네자, 등교하던 독일 아이들은 조금 놀라는 표정을 지었지만 곧 여기저기서 대답해 왔다.

"구텐 모르겐!"

"알로."

교문에서 기다리던 토마스 교장 선생님이 환하게 웃으며 반겼다.

"어서 와라, 이제부터 여기가 너희의 학교란다!"

각자 나이에 맞게 하미드는 1학년, 누르는 4학년 교실에 들어갔다. 친절하게 안내해 주던 교장 선생님이 돌아가고 나서 혼자가 된 하미드는 마음이 조금 쪼그라들었다. 잠시 뒤 아이들이 모두 일어나더니 칠판 앞에 깔린 카펫에 자리 잡고 앉았다. 당황한 하미드가 어쩔 줄 몰라 하는데, 옆에 있던 노랑머리 여자아이가 손을 내밀며 말했다.

"콤 미트 미어(같이 가자)."

하미드가 맨 뒷자리에 어정쩡하게 앉자 친구들이 다 같이 노래를 부르기 시작했다. 무슨 소리인지 하나도 알아들을 수는 없지만, 하미드는 단순하고 명랑한 이 노래가 마음에 들었다. 몇 번 반복하다 보니 곧 몇 구절은 따라 부를 수 있을 것 같았다.

수학 시간은 재미있었다. 누르 누나가 가르쳐 준 숫자들을 독일 친구들도 똑같이 사용한다는 것이 신기했다. 하미드는 걱정했던 것보다 공부가 어렵지 않아서 안심이 되었다.

쉬는 시간이 되었다. 아무리 씩씩한 누르지만, 어떻게 해야 할지 잠시 망설이며 자리에 앉아 있었다. 그때 맨 앞에 앉아 있던 남자아이가 연필과 공책을 들고 누르에게 다가와 말을 걸었다. 일부러 천천히 또박또박 말해 주는 것 같았다.

"안녕, 나는 막스야. 혹시 내 이름을 너희 나라 말로 여기다 써 줄 수 있어?"

누르는 금방 알아듣고 흔쾌히 대답했다.

"오케이, 베르데 이히(그래, 내가 해 줄게)!"

호기심이 생긴 아이들이 누르의 책상으로 몰려들었다. 저마다 공책을 내밀면서 자신의 이름을 아랍어로 적어 달라고 부탁했다. 선생님은 이 작은 소란을 가만히 지켜보았다. 마침 복도를 지나던 교장 선생님도 한참 동안 아이들을 흐뭇하게 바라보았다.

○ 학교 특파원의  생생 인터뷰 ○

독일 골조우 마을 학교를 만나요

시리아 난민들은 왜 독일까지 이동을 해야 했나요?

2011년 시리아 남부의 농촌 도시에서부터 시작된 내전으로 인해 지금까지 600만 명이 넘는 시리아 사람들이 외국으로 피난을 했어요.

처음에는 터키, 레바논이나 요르단같이 가까운 나라로 피했던 사람들은 전쟁이 길어지자 안전하게 살 수 있는 곳을 찾아 위험하고 먼 여행을 하게 되었지요.

처음에는 인도주의에 입각해서 난민들에게 거처와 일자리를 제공하던 나라들도, 너무 많은 난민이 몰려오자 힘들어했어요. 더 이상 난민들이 들

• 시리아에서 국경을 건너 헝가리로 간 시리아 난민들

어오지 못하게 국경을 걸어 잠그는 나라들도 늘어났지요. 그러나 독일은 최선을 다해 난민들을 받아들이고 도와주기 위해 노력했어요. 그래서 많은 난민이 독일에 가고 싶어 했지요.

골조우 사람들은 어떻게 시리아 난민들을 초대하게 되었나요?

골조우는 독일이 동독과 서독으로 분열되었던 시절에 동독에 속했던 지역이에요. 동독 사람들과 서독 사람들은 같은 민족끼리 서로 대립하며

• 유럽으로 피난 오는 시리아 사람들

힘들어했었어요. 통일된 후에도 경제적, 사회적으로 차별을 경험했어요. 그래서 자신의 땅에서 쫓겨나 외국을 떠도는 난민들의 마음을 이해할 수 있었어요.

더 이상 사람들이 찾아오지 않아 인구가 줄어들면 자신들의 마을이 아예 없어질지도 모른다는 두려움을 느낀 골조우 사람들은 갈 곳이 없는 시리아 난민들과 함께 새로운 마을을 일구어 가기로 결심했어요.

지금 골조우 학교는 어떻게 되었나요?

처음 골조우 학교에 입학한 시리아 어린이들은 독일 학교에 잘 적응해 나갔어요. 아이들이 학교에 가고 나면 시리아 부모들도 열심히 언어와 직업 교육을 받으면서 건강한 마을의 일원이 되어 갔지요. 그러자 점점 많은 시리아 난민들이 골조우로 오고 싶어 했어요. 골조우에 살던 독일 주민들은 시리아 난민들이 성실하고 평화를 사랑하는 사람들이라는 것을 알고는 그들을 마을의 일원으로 받아들였습니다.

골조우 학교는 더 이상 학생이 없어서 문을 닫을 염려를 하지 않게 되었어요. 이 소문은 독일을 넘어, 프랑스나 이탈리아의 작은 지방 도시까지 퍼져 나갔지요. 그리고 시리아 어린이들을 환영하는 유럽의 작은 마을 학교들이 점점 늘어나게 되었답니다.

Colombia

콜롬비아

⑤ 나는 존중받아야 해요

콜롬비아 몸의 학교 (el Colegio del Cuerpo)

● **콜롬비아는** 남아메리카와 북아메리카가 만나는 교차점에 있는 나라예요. 아름다운 자연환경과 다채로운 문화유산이 숨 쉬는 이곳에는 원래 춤과 노래를 사랑하는 사람들이 살고 있었어요.

그러나 오랜 내전과 마약상들의 횡포로 세상에서 가장 위험한 나라 중의 하나가 되어 버렸지요. 특히 혼자 살아갈 수 없는 어린아이들이 가장 큰 피해자가 되었어요.

이유도 모르는 채 극심한 가난과 어른들의 폭력에 시달리던 콜롬비아의 아이들은 어떻게 새로운 삶의 희망을 찾았을까요?

거리를 배회하는 아이들

● 　　아직 우기가 시작되지도 않았는데 폰테수엘라 마을은 습기로 가득했다. 카르타헤나 도시의 빈민가인 이 마을 어귀를 지나는 차들은 괜히 경적을 울려 댔다. 어디선가 공사판 소음에, 요란한 음악 소리까지 섞여 북적이는 바람에 사람들은 가만히 있어도 덥고 마음까지 힘들었다. 그래서일까? 골목마다 술에 취한 어른들이 할 일 없이 빈둥거리다가 주변을 지나는 아이들에게 괜스레 고함을 내지르기 일쑤였다.

"쓸데없는 녀석들, 저리들 가라!"

대낮에도 학교에 가지 않고 마을을 배회하던 아이들은 움찔해서는 일단 자리를 피하지만 딱히 갈 곳도 없어 보였다. 그중에 후안과 마리아도 어른들을 피해 공터를 기웃거리고 있었다. 거리의 개들만 아이들을 반겼다. 아이들이나 개들이나 허기 진 형색이 역력했다. 마리아를 꼭 붙어 다니는 동생 루카스가 칭얼거렸다.

"누나, 배고파!"

마리아도 배고프기는 마찬가지였지만 가진 것이 없었다. 옆에 있던 후안이 주머니에서 껍질이 다 말라붙은 작은 사탕 하나를 찾아 루카스에게 건넸다. 그러자 루카스는 얼른 껍질을 벗겨 내고 입안에 넣었다.

바로 그때였다. 마을 골목 입구에 사람들이 모여 웅성거리는 모습이 아이들 눈에 들어왔다. 경찰차도 여러 대 보였는데 누군가 고함을 치고, 목청껏 우는 여자 음성까지 들렸다. 근처에 갔다가는 괜히 야단이나 맞을까 봐, 아이들은 아예 조금 돌아서 집으로 갔다.

"할머니, 아직도 아파? 좀 일어나 봐."

집에 돌아온 후안은 단칸방 한구석 침대에 웅크리고 누워 있는 할머니에게 말을 걸었다. 할머니는 힘없이 고개를 돌려 후안을 바라보며 입술을 달싹이는데 소리가 잘 들리지 않았다.

"뭐라고?"

"아래층 로드리게가 총에 맞았단다. 너도 괜히 밖을 돌아다니지 마라."

'그래서 사람들이 모여 있었구나!'

　조금 전 마을 입구에서 본 상황이 이해가 됐다. 아마도 마약을 팔다가 경찰에게 들켰던지 다른 마약상 조직과 싸움을 벌이다가 사고가 났을 것이다. 마을에서는 종종 일어나는 일이다. 불안해진 후안은 컴컴한 구석에 불도 켜지 않고 우두커니 앉아 있었다. 옆집 마리아 엄마가 술에 취해서 아이들에게 악담을 퍼붓는 소리가 허름한 나무판자 벽을 넘어 들려왔다. 후안은 자신이 야단맞는 것도 아닌데 눈물이 날 것 같아 자리에서 벌떡 일어났다.

"할머니, 나 다시 학교에 다니고 싶어. 도시락은 없어도 돼. 그냥 가면 안 될까?"

"어쩌나, 내 강아지! 학교에 가고 싶니? 얼른 내가 몸을 추슬러야 몇 푼이라도 벌어서 널 학교에 보낼 텐데……."

할머니의 안타까운 한숨이 후안의 작은 얼굴을 타고 흘렀다.

"아빠는 언제 와?"

후안이 다시 물었지만 돌아오는 대답이 없었다. 한 달 전쯤 아빠가 경찰에 잡혀간 뒤로 할머니 병세가 더욱 나빠졌다. 요즘은 잘 일어나 있지도 못했다. 무슨 일인지는 잘 모르지만, 이 동네 어른 대부분이 마약 파는 일과 관련되어 있으니 아마 아빠도 같은 이유로 잡혀갔을 것이라고 생각할 뿐이었다. 궁금해도 자꾸 물어보면 안 된다는 것을 직감적으로 아는 후안은 더 이상 말을 하지 않았다. 잠시 뒤 할머니가 후안의 손을 꼭 잡으며 당부했다.

"너는 절대로 동네 형들과 어울려서 마약에 손대면 안 된다. 너마저 잘못되면 나는 정말 살 수가 없단다."

밤이 되었지만 후텁지근한 방 안 공기는 그대로였다. 집안에 하나뿐인 선풍기는 날개가 부러진 채 천장에 매달려 있다. 답답해진 후안이 밖으로 나왔다. 먼저 나온 옆집 마리아와 루카스가 오도카니 철제 난간에 기대앉아 있었다.

후안이 나오는 것을 본 루카스가 이를 하얗게 드러내고 웃었다. 여섯 살 된 이 아이에게 엄마의 악다구니를 견디는 일쯤은 그러려니 하는 일상이 되었다. 다만 누나마저 자신을 내칠까 싶어서 마리아가 가는 곳은 어디든지 따라다녔다.

"후안, 나는 어른들처럼 살고 싶지 않아!"

마리아가 눈물로 꾀죄죄해진 얼굴을 손으로 비비며 뿌루퉁하게 말했다. 엄마에게 맞았는지 야윈 어깨가 시뻘겋게 부어 있었다.

후안은 두 아이 옆에 앉아, 저 멀리 불빛으로 반짝이는 바닷가를 바라보면서 말했다.

"그래서 말인데, 우리 학교에 가지 않을래?"

"무슨 학교?"

마리아가 고개를 갸우뚱하면서 후안을 바라보았다.

"내일 나를 따라와 봐."

몸의 학교

● 다음 날 바닷가 성채 근처로 간 세 아이는 낯선 음악 소리에 발걸음을 멈췄다. 평소 거리에서 들리는 요란하고 경쾌한 리듬의 라틴 음악이 아니었다. 느리고 낮게 떨리는 현악기 소리를 따라 아이들은 낡은 교회 뒤쪽 건물로 다가갔다.

나무 가지들이 얼기설기 얽혀 있는 컨테이너 건물 옆 너른 마당에서 열 명 남짓한 무용수들이 음악에 맞추어 춤을 추고 있었다. 팔을 시계추처럼 흔들며 천천히 움직이던 무용수들은 이어서 긴 다리를 어깨높이까지 쭉 들어 올린 채 다른 무용수에게 몸을 기대었다. 부드럽게 몸을 뒤로 젖혔다가 곧은 자세로 돌아오자, 그들의 어깨에 손을 얹은 상대편 무용수들이 발끝으로 바닥에 곡선을 그리며 천천히 움직였다. 마치 다리로 지휘를 하는 것 같았다. 그 모습에 마음을 빼앗긴 후안과 마리아에게 루카스가 킥킥 웃으며 말했다.

"형아, 꼭 달팽이가 움직이는 것처럼 느리다. 그렇지?"

루카스의 웃음소리에 마리아가 얼른 집게손가락을 입술에 갖다 댔다.

"쉿, 루카스. 조용히 해!"

그때 갑자기 음악 소리가 커지더니 무용수 몇 명이 공중으로 뛰어올랐다. 맞은편에 서 있던 무용수들이 그 사람들의 허리를 잡아 머리 위까지 들어 올려서 한 바퀴 돌았다. 모든 동작이 느리면서도 매끈하게 이어졌다. 세 아이 모두 넋을 잃고 한참 동안 그 모습을 바라보았다.

잠시 뒤 마리아가 슬며시 일어나더니, 무용수들을 따라 몸을 움직이기 시작했다. 후안도 벌떡 일어나 다리에 힘을 주고 똑바로 섰다. 그리고 두 팔을 공중으로 올리더니 빙그르 돌았다. 마치 팽이가 된 기분이 들었다.

그때 마침 음악이 끝났고, 춤 동작을 멈춘 무용수들과 아이들의 눈이 마주쳤다.

"와! 잘하는데!"

한 무용수의 말에 깜짝 놀란 아이들이 얼른 도망가려 했다.

"잠깐만, 얘들아. 괜찮아!"

"더 있어도 돼. 여기로 들어올래?"

당연히 혼이 날 줄 알았던 아이들이 머뭇거리는데, 좀 전에 춤을 추던 무용수 중에 또래로 보이는 여자아이가 후안을 알아보았다.

"안녕, 너 후안이지? 2학년 때 우리 같은 학교에 다녔잖아. 나 마르셀라야!"

얼굴을 자세히 보니, 어렴풋이 기억이 났다. 친하진 않았지만, 웃는 모습이 예쁘다고 생각했던 여자아이였다. 이어 마르셀라가 요즘도 마을 학교에 계속 다니는지 물었다. 후안과 마리아가 힘없이 고개를 숙이며 가로저었다. 후안은 아빠가 잡혀간 이후로 학교에 못 갔고, 마리아는 그보다 훨씬 전부터 엄마가 날마다 술에 취해 돈을 벌어 오라고 소리를 질러 대는 바람에 학교에 갈 엄두를 내지 못하고 있었기 때문이다.

"그럼 너희들도 우리 학교에 오면 되겠다."

그때 루카스가 해맑게 물었다.

"누나! 여기가 학교야? 춤추는 곳 아냐?"

마르셀라는 아이의 질문이 무슨 뜻인지 안다는 듯 웃으며 말했다.

"왜? 학교라고 하니까 이상하니? 우리는 그냥 춤만 추는 게 아니야. 몸으로 공부를 하고 있어. 춤을 추면서 우리 몸이 얼마나 아름답고 소중한지를 배우거든. 그래서 레스트레포 교장 선생님이 우리 학교 이름을 '몸의 학교(엘 콜레히오 델 쿠에르포, El Colegio Del Cuerpo)'라고 지으셨대. 교장 선생님은 우리가 스스로 우리 몸을 존중해야 한다고 하셨어. 그래야 다른 사람들도 우리를 존중하게 되거든. 후안, 너도 관심이 있어서 여기까지 온 것 아니야?"

그 말에 후안은 마리아의 눈치를 보며 고개를 끄덕였다. 마리아도 그제야 알았다는 듯 덩달아 고개를 끄덕였다.

"그런데 우리는 돈이 없어. 그래도 학교에 다닐 수 있을까?"

후안이 묻자 마르셀라가 자신 있게 말했다.

"물론이지. 바로 우리같이 가난한 학생들을 위해 이 학교를 만드신 거야. 틀림없이 너희를 반갑게 맞아 주실 거야."

나는 존중받아야 해요

● 　마르셀라가 장담했던 것처럼 레스트레포 교장 선생님은 후안과 마리아를 따뜻하게 맞이했다. 교장 선생님은 두 아이가 일반 학교의 방과 후 시간에 몸의 학교에 다닐 수 있도록 후안 할머니와 마리아 엄마에게 서류도 만들어 주었다. 할머니는 학교 갈 때 입으라고 목이 다 늘어난 티셔츠와 허름한 운동복 바지를 겨우겨우 구해 줄 수밖에 없었지만, 후안은 다시 학교에 다니게 된 것만으로도 가슴이 쿵쾅거렸다.

　후안은 할머니가 끓여 준 옥수수 스프를 먹는 둥 마는 둥 하더니 서둘러 집을 나섰다. 옆집 마리아도 낡은 원피스 차림에 단정하게 머리를 뒤로 묶고, 잔뜩 기대한 표정으로 층계를 탕탕거리며 내려왔다. 루카스는 행여 누나를 놓칠 세라 허둥거렸다. 어린 루카스를 돌봐 줄 사람이 없는 사정을 안 교장 선생님이 데리고 와도 좋다고 허락해 주어서 같이 갈 수 있었다.

첫 수업 시간이 되자, 마르셀라가 웃으며 말했다.

"자, 이리 나와. 같이 하자."

"이번 시간에는 몸을 움직여서 너희 마음을 자유롭게 표현해 보렴. 너희 스스로를 존중해야 한다. 너희는 소중하고 아름다운 존재란다!"

선생님을 따라 가볍게 몸 풀기를 마치자 지직거리는 소음이 섞인 아름다운 음악이 흘러나왔다. 후안은 발에 힘을 주고 똑바로 섰다. 어깨를 편안하게 펴고 팔을 천천히 아래위로 움직이기 시작했다. 음악의 선율에 따라 단순한 동작을 조심스럽게 반복하는 동안 여러 가지 생각이 떠올랐다. 얼굴도 모르는 엄마, 경찰에 잡혀간 아빠, 병원도 못 가고 집에 누워 있는 할머니, 소리만 질러 대는 동네 아저씨들……. 후안은 그동안 답답하지만 어쩔 수 없었던 기억들을 손끝으로 모아서, 공중으로 훅 날려 보냈다. 얼마 지나지 않아 땀으로 범벅이 된 후안의 온몸이 점점 시원해졌다.

몸의 학교에 다니게 된 뒤로 후안은 더 이상 거리를 헤매지 않게 되었다. 수업이 끝난 뒤에도 배운 동작을 연습하며 다음 날을 위해 준비했다. 할머니가 더 아프지 않도록 집안일도 자주 거들었다. 그동안 방구석에 박혀 있던 책가방에서 교과서들을 꺼내 읽어 보기도 했다. 할머니가 원래 다니던 마을 학교에도 곧 다시 다니게 해 주겠다고 약속했기 때문이다. 오늘도 아직 몸의 학교에 갈 시간이 남았는데 일찍 서두르는 후안을 흐뭇하게 바라보던 할머니가 물었다.

"그렇게 좋으니? 춤추는 거 배워서 뭐 하련?"

"그냥 춤추는 게 아니라니까, 할머니! 무용으로 내 마음을 표현하는 거야! 아름다운 몸으로 세상 사람들에게 이렇게 말하고 싶어. 나는 존중받아야 해요!"

후안은 당당하게 외쳤다.

○ 학교 특파원의 생생 인터뷰 ○

콜롬비아 몸의 학교를 만나요

**레스트레포 교장 선생님은 왜
몸의 학교를 세웠나요?**

레스트레포 선생님은 어린 시절 어른들의 폭력과 극심한 가난으로 힘들어했어요. 어른이 되어 뉴욕과 유럽에서 유명한 무용수가 되었지만 항상 조국인 콜롬비아의 어린이들을 잊지 않았어요. 콜롬비아 아이들이 안전하고 건강하게 살아가지 못하는 현실이 안타까웠던 거예요. 아이들의 마음을 위로하고 회복하려면 예술 활동이 꼭 필요하다고 믿었어요.

그는 고향 카르타헤나로 돌아와 몸의 학교를 세웠어요. 아이들이 자신의 아름다움을 발견하고, 건강한 어른으로 자라도록 가르치기 위해서예요.

몸의 학교에서는 어떤 공부를 하나요?

몸의 학교에서는 단지 춤을 잘 추는 기술을 가르치는 것이 아니에요. 어려운 환경 속에서 자라는 아이들 중에는 자신의 잘못으로 안 좋은 상황에 놓이게 되었다고 생각하는 아이들이 있어요. 그래서 다양한 예술 교육을 통해 아이들이 어려서부터 자신을 긍정적으로 받아들이고 존중할 수 있도록 격려하고 있어요. 자신의 몸을 사랑하고 존중하면 다른 사람도 배려하고 협력할 수 있게 되거든요.

몸의 학교에서는 건강하고 올바른 시민으로 자라는 데 필요한 다양한

문화를 가르치고 있어요. 아이들이 어려움 속에서도 꿈을 찾고 삶을 개척하고자 하는 의지를 가질 수 있도록 돕는 거예요.

지금 몸의 학교는 어떻게 되었나요?

콜롬비아는 이제 서서히 평화를 정착시켜 가고 있지만, 아직도 빈부 격차가 심하고 교육의 기회가 많지 않아요. 그래서 몸의 학교는 보다 많은 어린이들이 교육 기회를 가지도록 다양한 예술 프로그램을 확대해 갔어

요. 정부와 국제 NGO(민간단체)들도 관심을 가지고 후원하게 되었지요.

극심한 가난에 시달리던 빈민가를 예술의 요람으로 탈바꿈하게 만든 몸의 학교는 점차 세계적으로 이름이 나기 시작했어요. 전 세계를 둘러보면 교육 받을 기회를 박탈당한 아이들이 여전히 많아요. 그래서 몸의 학교는 국제적인 협력과 교류를 하면서 전 세계의 어린이들이 감수성을 키우고 자신을 존중하는 법을 배울 수 있는 활동을 계속하고 있어요.

우리나라에서도 레스트레포 교장과 몸의 학교 무용수들을 초청해서 공연하고 자매 학교를 맺기도 했어요.

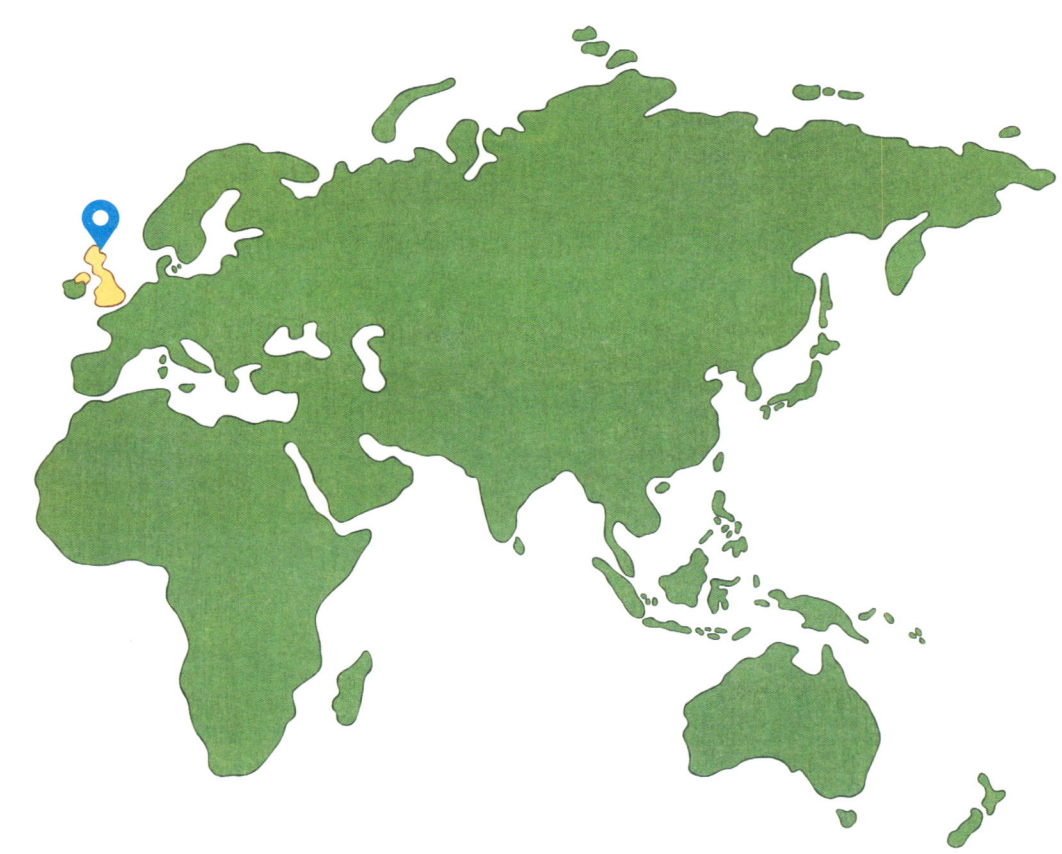

United Kingdom
영국

❻ 강요하지 말고 기다려 주세요

영국 서머힐학교 (Summerhill)

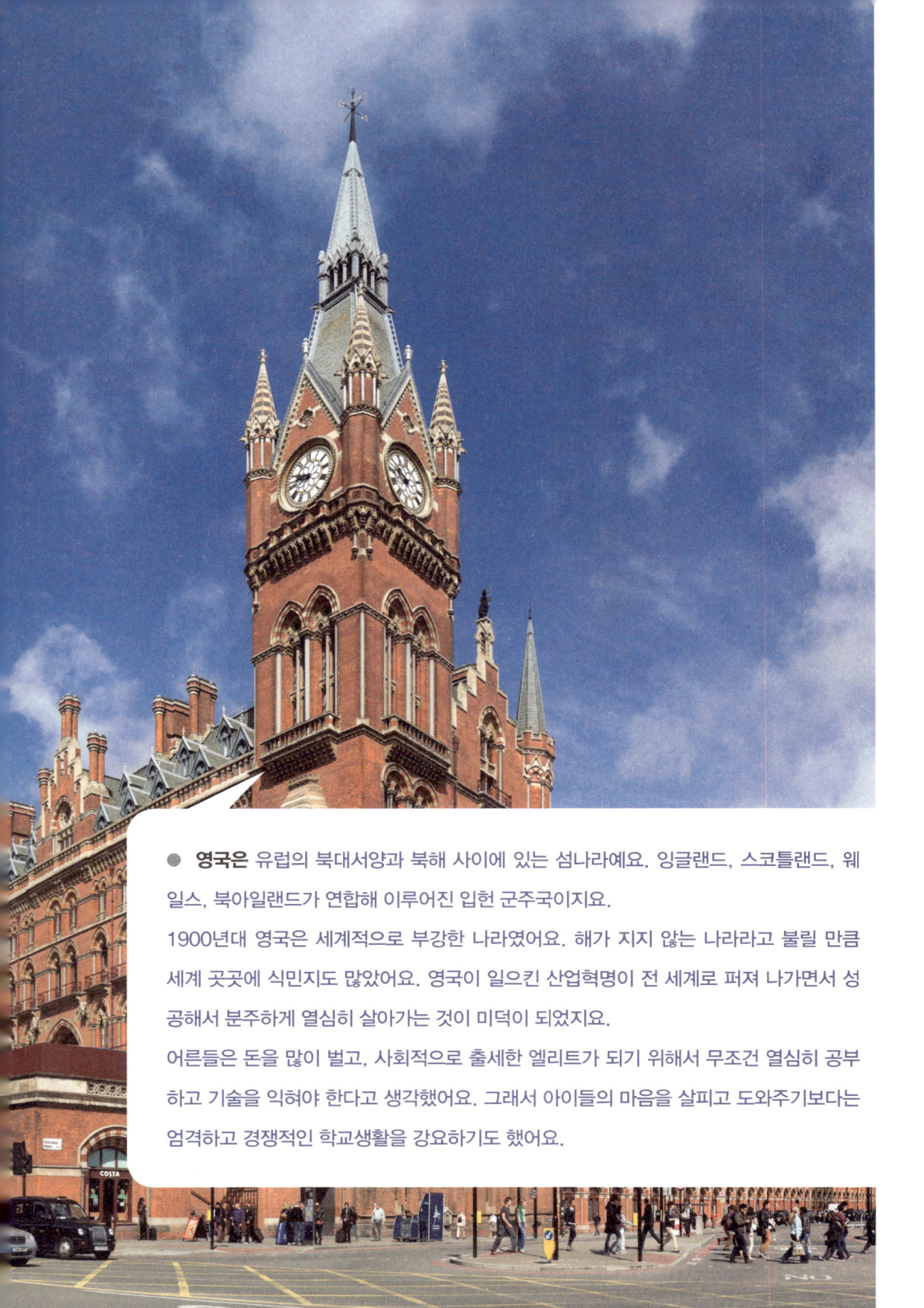

● **영국은** 유럽의 북대서양과 북해 사이에 있는 섬나라예요. 잉글랜드, 스코틀랜드, 웨일스, 북아일랜드가 연합해 이루어진 입헌 군주국이지요.

1900년대 영국은 세계적으로 부강한 나라였어요. 해가 지지 않는 나라라고 불릴 만큼 세계 곳곳에 식민지도 많았어요. 영국이 일으킨 산업혁명이 전 세계로 퍼져 나가면서 성공해서 분주하게 열심히 살아가는 것이 미덕이 되었지요.

어른들은 돈을 많이 벌고, 사회적으로 출세한 엘리트가 되기 위해서 무조건 열심히 공부하고 기술을 익혀야 한다고 생각했어요. 그래서 아이들의 마음을 살피고 도와주기보다는 엄격하고 경쟁적인 학교생활을 강요하기도 했어요.

게으른 게 아니에요, 머리가 나쁘지도 않아요

조니는 1층 아빠의 서재에서 가정교사와 마주 앉아 책을 읽으려 애쓰고 있었다. 용맹한 사자왕 리처드 1세의 모험 이야기는 언제 들어도 흥미진진하고 재미있다. 그러나 문제는 조니가 그 책을 직접 읽지 못한다는 점이었다. 벌써 몇 번이나 선생님이 반복해서 읽어 주었기 때문에 내용은 모두 기억하고 있지만, 막상 스스로 읽으려고 하면 글자들이 지렁이처럼 꿈틀거리며 겹쳐 보였다. 얼마 지나지 않아 조니는 얼굴을 찡그리고 머리가 아프다며 투덜거렸다.

"선생님! 나는 정말 바보인가 봐요!"

"그렇게 말하지 마, 조니. 우리 다시 한 번 해 보자!"

조니의 마음과 달리 글을 읽으려고만 하면 글자들이 제각각 움직이고 눈이 빠질 듯이 아파서 계속 책을 볼 수가 없었다. 가정교사 선생님은 참을성 있게 조니를 격려하며 글 읽기 연습을 도와주었지만, 소용이 없었다.

조니는 고개를 가로저었다.

"아녜요, 못하겠어요!"

짜증이 난 조니가 의자에서 벌떡 일어나는데, 마침 엄마가 방문을 열고 들어왔다.

"아니, 너는 벌써 싫증이 났니? 그새를 못 참고. 2주 후면 개학인데 어쩌려고 그래?"

조니가 게으름을 피운다고 생각한 엄마가 잔소리를 늘어놓았다.

뒷마당으로 나온 조니는 풀밭에 털썩 주저앉으며 한숨을 쉬었다. 엄마 말대로 곧 학교에 돌아간다고 생각하니 마음이 답답해졌다. 지난 2년 동안 공립학교에 다니면서 아이들에게 놀림을 받았기 때문이다.

"바보 같은 놈!"

"게을러서 책도 읽지 않는다며?"

"맨날 머리가 아프다고 꾀병이야."

친구들이 비웃던 소리가 귓가에 맴돌았다.

선생님들마저 조니에게 친절하지 않았다. 2학년이 될 때까지 알파벳 문

자를 네 개 정도밖에 구분하지 못하는 조니를 선생님들은 엄한 표정으로 다그치기만 했다.

"딴생각하지 말고 책에만 주의를 집중해!"

"좀 더 노력해야지."

사실 조니가 모든 과목을 다 못하는 것은 아니었다. 조니는 수 계산을 잘하고, 그림 그리기를 좋아했다. 간단한 나무토막 몇 개만 있어도 멋있는 구조물을 만들 수 있고, 노래를 한 번만 들어도 악보 없이 피아노로 연주할 수 있었다. 그러나 글자를 읽는 것이 힘들다 보니 공부에 자신이 없어서 수업 시간마다 멍한 표정으로 앉아 있곤 했다. 점점 친구들과도 멀어졌다.

다음 날 엄마 아빠는 서재에서 가정교사와 마주 앉아 심각하게 대화를 했다.

"선생님, 우리 조니가 왜 그럴까요? 정말 머리가 나쁜 걸까요? 어려서는 말도 잘하고 똘똘했는데……."

엄마의 눈이 붉어지며 눈물이 맺혔다.

"조니 어머니, 저는 그렇게 생각하지 않아요. 조니는 감수성이 풍부하고 이해력도 정말 좋아요. 제가 읽어 주는 이야기를 그림으로도 잘 표현하더라고요. 다만 글자를 읽고 의미와 연결해서 말하는 데 어려움을 겪고 있을 뿐입니다."

아빠가 퉁명스럽게 대답했다.

"화가가 될 것도 아닌데 미술을 잘하는 게 무슨 도움이 되겠습니까? 이러다 영영 경쟁에서 뒤처질 것 같아 걱정입니다. 그러니 앞으로 선생님이 좀 더 엄하게 가르쳐 주세요!"

그러자 선생님이 단호한 표정을 지으며 말했다.

"두 분은 어린 조니가 얼마나 힘들지 생각해 보셨나요? 조니는 게으르지 않아요. 머리가 나쁘지도 않아요. 다만 조니에게 맞는 공부법을 아직 못 찾았을 뿐이에요. 이것은 어린 조니 혼자서 할 수 있는 일이 아니죠. 어른들이 도와주어야 합니다."

"그러면 조니를 어떻게 도와야 할까요?"

"얼마 전 저희 대학 교수님이 서머힐이라는 학교를 소개해 주셨어요. 이곳에서는 아이들이 자유롭게 공부할 수 있도록 개별적으로 도와준다고 해요."

강요하지 않는 학교

● 　　그해 9월, 조니는 레이스톤이라는 시골 마을에 있는 서머힐학교로 오게 되었다.

　조금 낯설긴 했지만 학교가 마음에 들었다. 무엇보다 친구들이 엉뚱하고 재미있었다. 조니는 빌리와 토미라는 또래 남학생들과 함께 기숙사 방을 사용하게 되었다. 토미는 개구쟁이긴 해도, 조니를 괴롭히거나 비웃지 않았다.

　빌리는 서머힐학교에서 매일 꼬마 부대를 이끌고 숲속을 헤매고 다녔다. 그러다 보니 다른 학생들에게 인기가 많아서, 늘 기숙사 방으로 다른 친구들이 몰려들었다. 덕분에 수줍음이 많은 조니도 여러 친구를 사귀게 되었다. 그런가 하면 조니와 비슷한 시기에 전학 온 안나 누나는 숲속에 동굴을 파면서 혼자 노는 것을 즐겼다. 저마다 개성이 강하고 자유분방한 친구들이었다.

서머힐학교의 두 번째 좋은 점은 아무도 조니에게 무엇을 하라고 강요하지 않는다는 것이었다. 다른 학생들처럼 공부하고 싶은 과목을 정해서, 그 시간에 교실을 찾아가면 되었다. 그리고 수업 시간에 꼭 들어가지 않아도 아무도 나무라지 않았다. 그동안 공립학교에서 일방적으로 정해진 대로 따라가야 했던 조니는 스스로 뭔가 결정할 수 있다는 사실이 마음에 들었다. 그러다 보니 차츰 조니 스스로 찾아다니는 수업이 생겼다.

제일 좋아하는 시간은 목공 수업이었다. 조니는 아직 기계를 다루는 일이 서툴렀지만, 작업실에 들어가면 언제나 선생님이 간단한 설명과 함께 나무토막으로 만들 수 있는 과제를 주곤 했다. 안전장치가 있는 조각도를 가지고 자기가 생각한 대로 나무에 형태를 만들어 갔다.

"조니, 네가 조각한 동물들은 표정이 아주 섬세하구나!"

조니는 자신도 칭찬받을 수 있다는 사실이 놀라웠다. 그래서 용기를 내어 음악 수업에도 참여했다. 서머힐학교의 음악 시간은 수업이라기보다 마음껏 노래 부르고 춤추는 시간이었다.

음악 선생님은 말리지 않고 오히려 아이들을 위해 신나는 피아노 연주를 해 주었다. 기숙사 친구 빌리는 춤추다 말고 인디안처럼 소리를 질러

대기도 했다. 조니도 슬쩍슬쩍 그 아이들을 따라 했다. 그러다가 그런 자신의 모습에 놀라기도 했다. 예전에는 친구들을 피해 다니고 눈치만 보던 조니가 바뀌고 있었던 것이다.

그렇게 세 달쯤 지났을 때였다. 조니는 도서관에서 용맹한 사자왕 리처드 1세 이야기책을 발견하고 친구를 만난 것처럼 반가웠다. 지난여름 가정교사와 열심히 공부했지만 혼자서는 읽지 못했던 책이었다.

"안녕, 조니. 도서관에 자주 오는구나. 책을 읽는 게 좋니?"

마침 도서관을 둘러보던 교장 선생님이 말을 걸었다. 조금 당황했지만 조니는 용기를 내어 대답했다.

"어…… 아직 잘 읽지는 못해요, 그래도 내용은 다 알고 있어요. 이야기해 드릴까요?"

그러자 교장 선생님이 조니 옆에 있는 쿠션에 몸을 기대앉으며 말했다.

"그래 주겠니? 나도 어릴 때 굉장히 좋아하던 책이란다."

그 말에 조니는 교장 선생님에게 용맹한 사자왕 리처드 1세 이야기를 들려주었다. 그러다가 슬쩍 책을 보고 읽어 보았다.

'아니, 책이 읽히다니!'

반가운 마음에 조니는 더욱 또렷한 목소리로 책을 읽어 내려갔다. 그러다가 문득 고개를 들고 교장 선생님에게 외쳤다.

"선생님! 제가 책을 읽고 있어요. 이제 글자가 두렵지 않아요!"

조용히 조니가 책 읽는 소리를 듣고 있던 교장 선생님은 순간 어리둥절했다. 하지만 이내 조니의 어깨를 토닥이며 말했다.

"그래, 축하한다. 선생님은 언제나 너를 응원한단다. 알지?"

그 말에 조니는 눈물이 왈칵 터졌다. 조니는 또박또박 책을 읽어 내려가며 생각했다.

'이제 나도 뭐든지 할 수 있어!'

○ 학교 특파원의  생생 인터뷰 ○

영국 서머힐학교를 만나요

서머힐학교는 왜 세워졌나요?

보수적인 성향이 있는 영국 사람들은 획일적이고, 경쟁적인 학교 교육을 당연하게 여겼어요. 아이들은 무조건 어른들의 지시에 따라서 훈련을 받아야 한다고 생각한 거예요. 오랫동안 으레 해 왔기 때문에 당연히 따라야 한다는 것이지요.

그런데 니일 교장 선생님은 사람들과 다른 생각을 가졌어요. 어린이들이 어른들의 지시를 무조건 따르지 않고, 즐겁게 행복을 추구하며 자신의 인생을 살 권리가 있다고 믿은 거예요. 그래서 1921년, 영국의 레이스

톤(Leiston)이라는 곳에 서머힐학교를 세우게 되었답니다.

서머힐학교는 다섯 살부터 열여섯 살까지의 어린이와 청소년 60여 명이 같이 생활하는 기숙사 학교예요. 모든 아이가 자유롭고 행복할 수 있도록 어떤 강요도 하지 말자는 니일 교장 선생님의 교육 철학에 따라 운영되고 있어요.

요즘 우리나라에도 대안학교들이 많이 생겼는데, 서머힐학교가 세계에서 제일 처음 생긴 대안학교예요.

• 서머힐학교 본관

서머힐학교에서 가장 중요한 활동은 무엇인가요?

서머힐학교에서는 모든 학생들이 분명하게 자신의 생각을 가지고 자유롭게 생활하는 것을 중요하게 생각해요. 니일 교장 선생님은 아이들이라고 해서 꼭 어른들의 결정에만 의지하지 않고도 얼마든지 행복하게 살아갈 수 있다고 믿었어요. 그래서 다섯 살부터 열여섯 살까지 전교생은 물론 선생님들까지도, 공평하게 자신의 의견을 말하고 제안할 수 있는 전교 미팅 시간을 가져 왔어요.

전교 미팅 시간은 일주일 동안 학교에서 일어난 여러 가지 문제들을 의논하고, 필요한 규칙들을 결정하는 전교 회의예요. 누구나 자유롭게 규칙을 제안하면, 충분히 토론한 뒤에 손을 들어 찬성 또는 반대 투표를 해서 결정을 내리지요. 그런데 학생들은 물론이고 교장 선생님까지 모두 딱 한 표씩 투표할 수 있어요. 이렇게 결정된 학교 규칙들을 모두 존중하고 잘 지켜 나간답니다.

한번은 서머힐의 모든 규칙을 없애자는 제안이 나온 적이 있어요. 제법 진지하게 토론하고는 투표로 그 안건이 통과되었어요. 고학년이나 선생님 중에는 학교가 너무 혼란스러워질까 염려가 되어 반대한 사람들도 있었지만, 니일 교장 선생님은 학생들이 결정한 의견을 존중해 주었지요. 그런데 하루가 지나지 않아 미팅을 다시 하자는 의견이 나왔대요. 무엇이든 제멋대로 하는 것이 생각보다 재미없었는지, 다시 규칙들을 지키자는 제안을 통과시켜서 원래대로 돌아갔다고 해요.

서머힐학교는 어떻게 되었나요?

학생들의 권리를 인정하고 자유롭게 살도록 존중하는 서머힐학교지만, 모든 사람이 환영하고 좋아한 건 아니에요. 완고한 보수주의 전통이 있는 영국에서는 서머힐학교가 너무 자유롭고 특이해서, 나쁘게 보는 사람들도 많았어요.

'제멋대로 하는 학교(Go-as-you-please-school)'라는 비판을 받는가 하면, 1999년에는 국가에서 지시하는 교육 과정에 따르지 않는다고 교육청으로부터 학교 폐지 명령을 받았다고 해요. 그러나 졸업생과 학부모들이 나서 항의하고 서명 운동을 해서 교육청이 명령을 철회할 수밖에 없었어요.

학생들이 건전하고 자유롭게 공부할 수 있도록 도와주는 서머힐학교에 요즘은 한국을 비롯한 여러 나라에서 유학하러 온다고 해요. 지금도 세계적인 명성을 얻고 있지만 학교 규모를 키우지 않고 가족같이 작고 행복하게 공동생활을 하고 있어요.

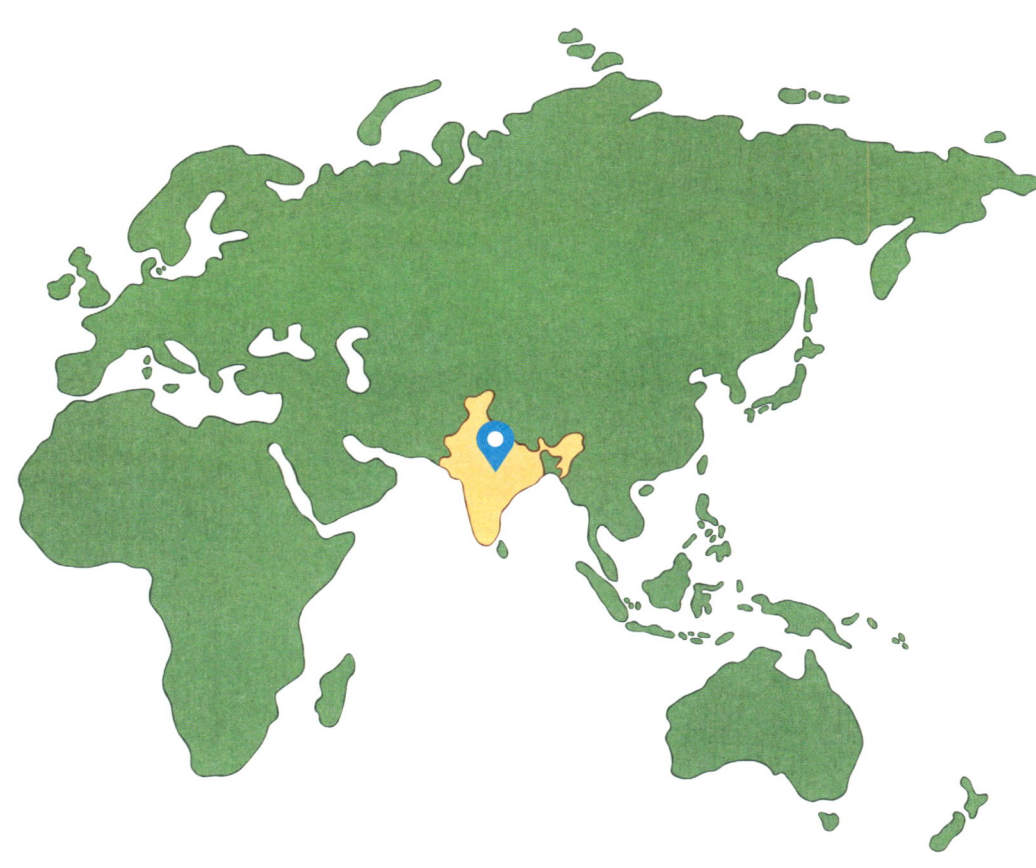

India

인도

7
평화 마을의
숲속 학교

인도 파타바반(Patha Bhavan)

● **인도는** 오랜 역사와 찬란한 문화를 자랑하는 나라로, 세계에서 두 번째로 많은 사람들이 살고 있어요. 그들은 오랫동안 영국의 식민지가 되어 고통을 받았고, 독립을 한 후에도 경제적 상황이 좋지 않아 어려움을 겪어야 했어요.
학생들도 어려서부터 살아남기 위한 경쟁에서 이기기 위해 엄격하고 획일적인 학교생활을 하면서 마음이 딱딱한 기계처럼 변해 가고 있었지요. 몸이 아프거나 부모님의 경제 사정이 좋지 않은 아이들은 경쟁에 뒤처질 수밖에 없었어요.
인도의 아이들이 자유롭고 행복하게 공부할 수 있는 학교를 찾을 수 있을까요?

몸이 아파도 공부할 수 있을까?

● 콜카타의 찐득한 4월 공기가 답답해진 아누샤는 방을 나와 천천히 아래층 거실로 내려갔다. 덩달아 뱅갈 고양이 미찌도 살랑살랑 뒤따랐다. 하지만 아누샤는 계단 아래서 엄마 아빠가 이야기하는 소리가 들리자 잠시 멈칫했다.

"9월에는 아누샤도 중학교에 가야 하는데, 영 건강이 회복되지 않는군. 언제까지 아이를 집에만 있게 할지 정말 걱정이구려."

"그렇다고 아픈 아이를 학교에 보낼 수는 없잖아요. 빨리 걷기도 힘들어 하는데……. 그러다가 심장이 더 악화되면 어쩌려고요. 또 아이를 잃을 수는 없어요."

아누샤는 잠시 계단 쪽에 서 있다가 방으로 발길을 돌렸다. 그런데 그때 문득 언니 오빠가 떠올랐다.

'아! 라니 언니, 란비르 오빠!'

두 사람 모두 심장병을 앓다가 열 살도 못 되어서 세상을 떠났다. 그런데다가 2년 전, 막내인 아누샤마저 유전적으로 심장이 약하다는 것을 알게 되었다. 결국 불안해진 부모님이 학교를 그만두게 한 상태였다. 아누샤는 하는 수 없이 집에서 책을 읽고 그림도 그리며 갑갑한 생활을 가까스로 견디고 있었다. 종종 '나는 이렇게 외롭게 살 수밖에 없는 걸까? 언니 오빠처럼 죽을 수도 있겠구나!' 하는 생각이 들면 더 기운이 없어지고 마음까지 힘들었다. 고양이 미찌만이 유일한 친구가 되어 주었다.

방으로 돌아온 아누샤는 책이라도 읽으려고 펼쳤지만 좀처럼 책장이 넘어가지 않았다. 그 답답한 마음을 읽기라도 한 듯 미찌가 품속으로 파고들었다. 그때 아빠가 방으로 들어왔다.

"아직도 책을 붙들고 있니? 무리하지 말고 쉬어라!"

이 말에 짜증이 난 아누샤는 울먹이며 말대꾸했다.

"왜 맨날 저에게 아무것도 하지 말라는 거예요? 뭐라도 하고 싶어요. 학교도 가고 싶고 친구들과 놀고 싶다고요."

평소와 다른 아누샤의 모습에 아빠는 한참 동안 말없이 아이를 바라보다가 방을 나갔다. 얼마쯤 지났을까, 아빠가 다시 아누샤 방으로 찾아오셨

다. 웬일인지 좀 전과는 달리 사뭇 밝은 표정이었다.

"아누샤, 그동안 많이 답답했지? 우리 산티니케탄에 계신 할아버지 댁을 방문하자꾸나!"

"정말이요?"

아누샤의 얼굴도 덩달아 밝아지며 자리에서 벌떡 일어났다. 그 바람에 옆에서 졸던 미찌가 깜짝 놀라 달아났다.

"아빠가 안부 전화를 드렸더니 너를 많이 보고 싶어 하시더구나."

"저도 라비 할아버지가 보고 싶어요. 아빠!"

답답했던 아누샤의 가슴이 조금이나마 시원하게 트이는 기분이었다.

"그리고 이참에 할아버지가 다녔던 학교에도 가 보자."

아누샤는 고개를 갸웃거렸다. 그동안 학교에 가고 싶다고 그렇게 떼를 써도 들은 체 안 하던 아빠가 갑자기 학교 이야기를 꺼냈기 때문이다.

이틀 뒤 아누샤 가족은 콜카타를 떠나 기차로 두 시간쯤 떨어진 산티니케탄에 있는 할아버지 댁으로 향했다. 가는 내내 새로운 일이 일어날 것만 같은 기대로 가슴이 벅찼다. 할아버지는 인도뿐 아니라 유럽에서도 이름난 화가이다. 어려서 파타바반 학교에 다니면서 아름다운 인도의 자연을 예술적으로 표현하는 공부를 했고, 지금은 학생들에게 미술을 지도하면서 조용한 생활을 하고 계신다.

평화의 땅에 세워진 학교

● 할아버지가 계시는 학교로 가는 길은 소박한 농촌의 들녘이 그림처럼 펼쳐져 있었다. 호숫가에서 염소와 소 떼들이 한가롭게 풀을 뜯었고, 망고나무 숲 그늘에 아이들이 모여 앉아 있었다. 아예 나무를 타고 올라가 앉은 아이도 보였다.

"엄마, 저기가 학교 같은데 아이들이 다 밖에 나와 있어요. 지금 쉬는 시간인가?"

"그러게 말이다, 정말 평화로워 보이는구나."

그런 말을 나누다가 학교 앞에 도착했을 때 할아버지가 아누샤를 기다리고 계셨다.

"할아버지, 안녕하셨어요?"

아누샤가 공손히 예의를 갖추어 절하려고 몸을 숙이기도 전에 할아버지가 덥석 안아 주며 말했다.

"어서 오너라. 아누샤!"

"할아버지, 정말 보고 싶었어요!"

아빠 엄마도 얼굴에 반가움을 감추지 못했다. 아누샤 가족은 할아버지를 따라 학교 뒤편의 작은 집 거실로 들어갔다. 낯선 장소가 거북한 것은 미찌뿐이었다. 꼬리를 바짝 쳐들고 쇼파 뒤로 숨어 버렸다.

"할아버지, 이곳은 산티니케탄이란 말 그대로 평화의 마을이네요. 그런데 이 학교에는 교실이 없나요? 아이들이 모두 밖에서 공부하는 것 같아요."

"이 학교에서는 처음부터 교실보다 자연 속에서 공부해 왔단다. 그것이 라비 선생님의 뜻이었지! 할아버지도 어릴 때 늘 여기 나무 그늘에서 공부했단다."

"라비 선생님이요? 할아버지와 이름이 같네요?"

"그렇단다. 이 학교를 만드신 분이야, 나는 그때 너무 어려서 라비 선생님이 노벨 문학상을 받은 유명한 작가이고, 우리 학교를 세운 분이라는 것도 몰랐단다. 그저 우리를 귀여워해 주시는 할아버지라고만 생각했지. 지금 내가 살고 있는 이 작은 집에 머무셨는데, 우리가 운동장을 뛰어다니며 노는 모습을 웃으며 바라보기만 하셨지. 나와 이름이 똑같은 그분을 정말 좋아했단다. 지금도 그 모습을 잊을 수가 없구나."

아누샤는 할아버지와 이름이 같은 분이 학교를 세웠다는 사실이 무척 신기했다.

"할아버지, 그분은 어떤 분이셨어요?"

엄마 아빠도 관심을 보이며 할아버지의 이야기에 귀를 기울였다.

"라비 타고르 선생님은 우리나라가 영국의 지배를 받던 시절, 콜카타의 명문 집안에서 태어났단다. 어려서부터 자연을 사랑하고 정이 많아서, 마당에 나가면 다람쥐가 무릎에 오르내리고 작은 새가 손에 내려앉았다고 해. 하지만 영국식 학교에 적응을 못해서, 성적은 늘 바닥이었고 왕따를 당하기 일쑤였다는구나. 가족의 도움으로 영국 유학까지 갔었지만 결국 정규 교육을 포기해서 학교 졸업장이 한 장도 없었단다."

아누샤는 라비 선생님의 어린 시절 이야기를 듣고는 깜짝 놀랐다.

"저는 그렇게 훌륭한 선생님이 어렸을 때 학교에 적응하지 못했을 줄은 꿈에도 몰랐어요."

할아버지는 아누샤를 바라보며 빙긋이 웃음 지었다.

"하지만 스스로 공부를 지속해 나가면서 많은 문학 작품을 남기셨어. 아시아에서는 처음으로 노벨 문학상을 수상하셨지. 지금 우리가 부르는 국가도 타고르 선생님이 직접 작사한 거란다."

"그런데 선생님은 하필 왜 이런 시골에 학교를 세운 거예요?"

할아버지의 이야기에 감탄을 하던 아누샤가 물었다.

"라비 선생님은 산티니케탄에서 가난하지만 평화롭게 농사를 지으며 사는 사람들의 순박한 모습에 깊은 인상을 받았단다. 부유한 가정에서 태어나 많은 특권을 누리고 살면서도 게을렀던 자신의 모습을 반성한 거야. 그 뒤로 라비 선생님은 가난하거나, 병이 들어서 제대로 공부할 기회가 없는 아이들을 돕기 위해 이 학교를 세웠단다."

아누샤와 엄마 아빠는 시간 가는 줄 모르고 할아버지의 이야기에 귀를 기울였다.

"나는 그분을 학교에서 직접 볼 수 있었지만, 그때 난 이야기를 나누기에는 너무 어렸어. 그래도 그분 덕분에 내가 화가가 될 수 있었지. 당시 인도 학교에서는 누구도 예술에 관심 기울일 형편이 아니었어. 영국 식민지로 살아가기가 너무 고달파서, 누구나 영국 정부의 관리가 되려고 경쟁적으로 공부를 했거든. 그러나 라비 선생님은 아이들이 자연을 사랑하고, 편안하고 행복하게 살도록 도와주셨단다. 자유롭고 행복하다 보면 세상 공부는 자연스럽게 익힐 수가 있다고 하셨지."

"할아버지, 그래서 그런지 몰라도 이곳 아이들 표정이 평화롭고 행복해 보여요."

어느덧 저녁 식사 시간이 되었다. 모처럼 아누샤도 맛있게 음식을 먹는

데, 잠시 뒤 아빠가 할아버지에게 물었다.

"아버님은 아누샤가 이곳 파타바반에서 공부하길 원하시는 거죠?"

"그렇단다. 이곳에서는 몸이 약한 아누샤가 행복하고 편안하게 공부를 할 수 있을 거야."

"그런데 아버님! 아누샤가 여기서 학교를 다니며 공부하면 대학에 갈 수 있을까요?"

할아버지는 아빠를 가만히 바라보시더니 되물었다.

"아범아! 너는 아누샤에게 제일 중요한 것이 무엇이라고 생각하지?"

"당연히 아누샤가 건강을 회복해서 공부를 잘하고, 대학도 가서 성공한 인생을 사는 거지요. 요즘 인도 젊은이들의 경쟁이 얼마나 심한지 아시지 않습니까? 아누샤도 사실 공부를 하고 싶어 하긴 합니다. 그러나 몸이 너무 약하다 보니 일반 학교는 보낼 엄두가 나질 않습니다."

아빠는 조바심을 내며 말했다.

"아버님! 아누샤가 파타바반에 잘 적응할까요?"

아누샤의 식사를 거들던 엄마가 조심스럽게 물었다.

평화롭던 식탁이 어색할 만큼 조용해졌다. 잠시 조용히 생각하시던 할아버지께서 말씀하셨다.

"어른들끼리 하는 틀에 박힌 토론이 무슨 소용 있겠니? 먼저 아누샤의 마음이 어떤지 살펴야 하는 것 아니냐?"

아누샤가 입을 열었다.

"할아버지, 몸은 아프지만 공부하고 싶어요. 친구들도 사귀고 싶어요. 그렇지만 콜카타의 학교로 돌아가긴 싫어요. 생각만 해도 더 아픈 것 같아요."

"그렇다면 아누샤에게는 파타바반이 유일한 학교인 것 같구나!"

할아버지와 친해지고 싶은 듯 발밑에서 아양을 떨고 있던 미찌가 식탁 아래에서 '야옹' 하며 화답했다.

건강하고 행복하게
배우는 학교

● 며칠 뒤 이른 아침, 노란 교복을 단정하게 입은 아누샤는 엄마와 함께 학교로 갔다. 전교생이 운동장에 모여 조회를 했다. 이 시간이 끝나자, 1학년 동생들부터 12학년 언니 오빠까지 모두 운동장 한쪽에 있는 망고 나무숲으로 가서 각자 가져온 돗자리를 펴고 앉았다. 아누샤는 6학년 선생님과 친구들이 이미 자리 잡은 나무 그늘로 갔다.

"어서 와라. 네가 아누샤구나! 나는 6학년 담임인 나나 사비나란다. 네가 편한 자리에 가서 앉으렴."

"사비나 선생님이 아니라 언니라고?"

아누샤가 수줍어하며 엄마를 바라봤다.

"할아버지가 그러시는데, 이곳에서는 선생님을 언니(나나), 오빠(다다)라고 부른다는구나!"

엄마가 속삭이는 말에 조금 안심이 된 아누샤는 먼저 온 친구들 뒤쪽으로 가서 엄마가 깔아 주신 돗자리에 앉았다.

아누샤가 자리에 앉는 것을 확인한 엄마도 운동장 뒤편의 벤치로 가서 앉았다. 이미 다른 부모님들도 와 있었다. 서로 눈인사를 나누고, 아이들이 수업받는 모습을 지켜보았다. 엄마는 아누샤가 딱딱한 의자가 아닌 포근한 풀밭에 편안하게 앉은 모습을 보니 안심이 되었다. 아누샤도 언제든 고개만 돌리면 엄마를 볼 수 있다는 사실에 마음이 놓였다.

오랜만에 선생님의 말씀에 귀를 기울이다 보니, 새들이 지저귀는 소리, 풀 냄새와 바람에 흔들리는 나뭇잎 소리가 마음을 편안하게 해 주었다. 갑자기 다람쥐들이 나무 위로 바쁘게 돌아다녔다. 6학년 친구들은 늘 있는 일인 듯 그저 바라만 보는데, 건너편 나무 그늘의 어린 동생들이 흥분해서 깔깔거리며 난리가 났다. 그래도 선생님은 웃으면서 바라보기만 했다.

"자, 이제 쉬는 시간을 가져도 좋아요. 간식도 먹고 재미있게 보내요. 너무 멀리는 가지 않도록 해요. 도움이 필요하면 언제든 나에게 와도 좋아요."

나나 사비나가 말을 마치자마자, 남자아이들은 교실 나무 위로 기어 올라갔다. 아누샤는 마치 이 학교에 아주 오래 다닌 듯 익숙하고 편안한 걸

음으로 엄마에게 다가갔다.

　마침 미술 수업을 마친 할아버지가 아누샤에게 다가와 물었다.

　"아누샤, 첫 수업이 어땠니?"

　"할아버지, 나무 그늘에 앉아 공부하니 저절로 마음이 편해졌어요. 다람쥐도 같이 공부하고 싶었는지 교실을 떠나지 않더라고요."

　평소에는 별로 말이 없던 아누샤였지만 오늘은 파타바반의 첫날 경험을 할아버지에게 쉴 새 없이 재잘거리며 들려주었다.

"다음 시간은 미술이래요. 그럼 할아버지와 공부하는 거예요?"

할아버지는 미소를 지으며 고개를 끄덕였다. 엄마는 준비해 온 차와 간식을 할아버지에게 건네며 말했다.

"아버님! 우리 아누샤도 자연의 품에서 건강을 회복하겠지요?"

"아누샤와 같은 아이들을 위해 라비 타고르 선생님이 이 학교를 세우셨단다. 아이들의 몸과 마음이 건강해지도록 공부하는 숲속의 교실 말이다."

할아버지와 엄마의 대화를 조용히 듣는 동안 아누샤는 일 때문에 콜카타로 돌아가신 아빠 생각을 했다.

'주말에 아빠가 산티니케탄에 오시면 평화의 학교 파타바반에서 공부하게 되어 행복하다고 말할 거야. 그럼 아빠도 기뻐하시겠지?'

○ 학교 특파원의  생생 인터뷰 ○

인도 파타바반을 만나요

**파타바반은
어떤 곳인가요?**

파타바반은 산티니케탄에 있는 비스바 바라티 국립대학에 속한 초중등학교예요. 1901년에 라비 타고르는 자신의 집에서 다섯 명의 자녀들을 직접 가르치면서, 학교 이름을 '우리집 학교'라고 했어요.

그 뒤에 좀 더 많은 아이들을 위해 파타바반을 열게 된 거예요. 이 학교에서 타고르는 학생들이 교과서 지식보다 먼저 자연 속에서 자유스럽게 인성과 창의성을 기르도록 가르쳤어요.

이 학교의 특징은 딱딱한 교실이 아니라 바로 나무 그늘에서 공부를 시

• 파타바반 학교. 초등교육과 중등교육을 위한 주거공동교육기관 역할을 한다.

작하는 거예요. 그래서 파타바반을 '숲속의 교실'이라고도 불러요. 파타바반에는 교실 벽이 없기 때문에 부모님들이 오셔서 먼발치에서 공부하는 모습을 바라보곤 해요.

특히 아픈 학생들의 부모님들이 파타바반에 오는 걸 좋아하는데, 아이들이 공부하는 걸 직접 보면서 필요할 때마다 도움을 줄 수 있어서 안심할 수 있다고 해요.

파타바반에서는 무엇을 공부하나요?

파타바반에서는 교과서 공부보다 학생들이 자연을 관찰하고 세상의 신비함을 직접 느끼는 활동을 더 중요하게 생각하고 있어요. 라비 타고르 선생님은 학생들이 지식뿐 아니라 삶의 지혜를 배워야 한다고 생각했어요. 그래서 교실을 벗어나 자연과 더불어 마음껏 뛰어놀며 스스로 알아 가는 학교를 만들게 된 거예요.

특히 예능 교육을 중요하게 생각해요. 문학, 미술, 음악, 연극, 춤 같은 활동을 하면서 아이들은 자유롭게 자신을 표현하는 법을 배우고 있어요. 또 학교가 속한 마을 전체가 다 같이 행복하게 사는 법을 가르치고 있어요. 공부는 학교 안에서만 이루어지는 것이 아니라 아이들이 살아가는 환경과 조화를 이루어야 한다고 생각하기 때문이지요.

주변 마을 사람들도 파타바반을 자유롭게 오가며, 학교 행사에 적극적으로 참여하고 있어요.

지금 파타바반은 어떻게 되었나요?

처음에는 작은 학교였지만, 지금은 파타바반을 비롯해서 미술대학, 음악대학 등 여러 단과 대학과 대학원까지 있는 인도에서 가장 유명한 종합

• 1998년 아시아인으로서 최초로 노벨 경제학상을 받은 아마르티아 센

• 인도의 첫 여성 총리인 인디라 간디

교육기관인 비스바 바라티가 되었어요. 자연 속에서 자유롭게 배우며 상상력을 키울 수 있었던 졸업생들은 인도의 그 어느 곳보다 경쟁력을 가지고 여러 분야에서 두각을 나타내고 있어요.

노벨상 수상자를 비롯해서 세계적인 영화감독, 예술가들이 비스바 바라티 출신들인데, 1998년에 노벨 경제학상을 받은 아마르티아 센과 최초의 여성 총리 인디라 간디가 대표적인 졸업생이에요.

마음이 따뜻해지는 학교 이야기

1판 1쇄 발행 2021년 9월 10일
1판 2쇄 발행 2021년 12월 1일

글 박영주
그림 이한울
발행인 손기주

편집 박세미 **디자인** 썬더키즈 디자인팀
세무 세무법인 세강

펴낸곳 썬더버드
등록 2014년 9월 26일 제 2014-000010호
주소 경기도 의왕시 정우길47. 2층 **전화** 031 348 2807 **팩스** 02 6442 2807

ⓒ 썬더버드 2021 Printed in korea

이 책은 저작권법에 따라 보호를 받는 저작물이므로 무단 전재와 복제를 금지하며,
이 책의 내용 전부 또는 일부를 이용하려면 반드시 저작권자와 썬더키즈의 서면 동의를 받아야 합니다.

ISBN 979-11-90869-26-3 (73370)

값은 뒤표지에 있습니다. 잘못된 책은 구입하신 곳에서 바꾸어 드립니다.
썬더키즈는 썬더버드의 아동서 출판브랜드입니다.